U0607231

·学生读本

黄荣华 主编

爱者之言

——《墨子》选读

丁鸣 编选

上海教育出版社

人之需（代总序）

一直想给中学生朋友编一套中华传统文化方面的读本。

作为中学语文教师，我们有自己的理由——

中华古代文化浩如烟海，书市上古代文化方面的图书也不计其数，但专门面向现代中学生的普通读本却很难找到，更不要说那种切合中学生阅读心理、精心选材、精心作注、精心释义的系列丛书了。

而从一名中学语文教师的角度看，当今中国语文教育最缺失的一块又恰恰是对中华传统文化的敬重、理解与传承。

众所周知，教育本来是指向学生的全面发展的，但因为“高考列车”越跑越快所产生的巨大无比的力量，语文已沦落为应试的工具。

在这样的教育中，对文化的漠视已成为语文教育的一个并不为多数人清醒意识到的“传统”；丢弃传统文化，甚至鄙薄传统文化，也已成为语文教育的一个并不为多数人清醒意识到的“传统”。

在这样的教育中，现代语文教育的本质意义——作为培育“民族文化之根”的意义，作为培育“效忠于”“皈依于”中华民族的现代公民的意义，已基本丧失。

而中华民族在现代前行的艰难身影又告诉我们：我们的教育，我们的语文教育，必须敬重、理解、传承中华传统文化。

中华传统文化作为中华文明的载体，其两大支柱是儒与道。而作为现世人生精神支柱的文化，又主要是儒家文化。儒家文化又以孔子为核心，孔子文化的核心是“仁”——“仁者”“爱人”。何为“爱人”？孔子“一以贯之”的是“忠”“恕”二字——“己所不欲，勿施于人”，“己欲立而立人，己欲达而达人”。用现在的话说就是：自己不想要的不强加给别人，自己想要的也要让别人拥有。这样，人与人就会友爱，社会就会和谐，人类就会幸福。而支撑这一社会理想的核心思想是：人与人的平等性。

从近一个半世纪的中国近现代历史进程看，由于受列强的侵略，我们民族怀疑甚至痛恨过我们的传统文化，认为那是我们落后挨打之源。所以，我们曾经把传统文化作为落水狗一般痛打。但从我们逐步摆脱“挨打”“挨饿”之后“挨骂”的现实看，我们现在最缺失的就是传统文化中的“忠”“恕”二字。不“忠”就不“诚”，不“诚”就无“信”；不“恕”就不“容”，不“容”就无“爱”。当今社会的许多问题之源，正在于无“信”无“爱”。

要化解民族前行过程中出现的种种问题与矛盾，当然要从政治、经济、科学、军事、艺术、伦理、道德等各个方面去思考，但在教育过程中，在生活的各个方面，敬重、理解、传承我们传统文化的精髓，应当成为我们思考的重要内容。当我们通过教育，通过生活的方方面面形成的教化体系，能将我们传统文化的精髓与现代民族意识融为一体，内化为崭新的民族精神，并使其上升为民族得以昂然立身的中华现代文明，那我们民族就真正完成了由古代到现代的转型，我们的国家就能成为一个崭新的现代民族国家,我们的人民就会成为“具有中国心的现代文明人”(当代著名教育家于漪老师语)。

有了这样的愿望,就总希望能为实现这样的愿望尽微薄之力,所以我们带着对中华传统文化的敬意,乐意尽自己最大的力量为中学生朋友推介中华传统文化。

同时,作为语文教师,我们还感到,要真正理解语言、掌握语言,就必须理解文化,特别要理解传统文化。

语言学研究表明:语言的理解与运用,归根结底是与某个社会群体的认知方式、道德规范、文化传承、价值标准、风俗习惯、审美情趣等特定的文化因素相关联的;语言运用要得体,既要遵循语法规则,更要遵循文化规则。由于汉语的组织特点是“文便是道”“以意役法”,即意义控制形式,“意在笔(言)先”,所以文化规则在汉语的组织运用中更有着突出的意义。又由于汉语是由汉字联属而成,而汉字是世界上最古老的文字之一,更是世界几千年间唯一没有中断其历史的文字;每个走过几千年的汉字都有着深厚的文化沉淀,可谓一个汉字就是一个广博精深的文化单元,就是一个意趣醇厚的审美单元(鲁迅先生曾在《汉文学史纲要·自文字至文章》中指出,汉字有“三美”:“意美以感心”,“音美以感耳”,“形美以感目”)。因此,要让孩子们准确地把握经典文本表达的意义,恰当地表述自己的观点,得体而有效地与人交际,就要引导他们了解、掌握语言背后蕴含的丰富的文化信息。

现在只有无知者才不会承认,中华文明体是一个坚实、深刻、厚重、博大的文化体系。这个文化体系已将自己的精神文化贯彻到了人们可见、可知甚至可感的世界的每一个角落,渗透在人们的气血经脉、意识与潜意识之中,正所谓

“致广大而尽精微”(《中庸》)。在这个“致广大而尽精微”的文化体系中,天、地、人的分工和边界及其协调与平衡,都有着清晰、真切、生动的表达;在这个体系中,中华民族已建立起了自己独一无二的生活方式——在天与地之间,堂堂正正地做人,做一个大写的人。由此,中华民族也就有着有别于其他一切民族的独特文化——天地之间的人文化,而不是天界中的神文化,不是地界中的鬼文化。尽管我们的文化中不可避免地会涉及神鬼,但总体而言它是“敬鬼神而远之”的。由此,我们也就会真正明白,为什么诸子百家中的任何一家最终都将自己的精神内核指向了人,为什么我们几千年的文化主体选择了“儒”——人之需!如果不了解、不理解这样的文化,就不能真正读懂我们的文化原典,就不能真正听懂古今经典之作的汉语述说,就很难得体地用好已走过了几千年的民族语言。

基于上述两大理由,我们编著了这套《中华根文化·中学生读本》。

“根文化”就是“文化之根”。它表明这套读本关注的是中华文化最根本的部分。这又有两层意思:一是读本的内容选择上,关注代表根文化的内容;二是在注解、翻译、释义上,关注所选内容最本原的意义,基本不做现代阐释。

作为“中学生读本”,我们尽可能使其适合中学生的文化心理。每个选本均按主题组织若干单元,并写有单元导语;用浅近的白话注解、今译、释义,力求简洁明了。

《中华根文化·中学生读本》第一辑15种,主要选编先秦时期的经典,包括《兴于诗——〈诗经〉选读》《立于礼——“三礼”选读》《成于乐——〈乐记〉〈声无哀乐论〉选读》《仁者之言——〈论语〉选读》《义者之言——〈孟子〉选读》《君子之言——〈荀子〉选读》《智者之言——〈老子〉选读》《达者之言——〈庄子〉选读》《爱者之言——〈墨子〉选读》《法者之言——〈韩非子〉选读》《忠者之言——〈楚辞〉选读》《谋者之言——〈孙子〉选读》《春秋大义——〈春秋〉三传选读》《诸侯美政——〈国语〉选读》《战国争雄——〈战国策〉选读》。

黄荣华

前言

春秋战国时期，社会影响最大、势力最强、门徒最多的首推儒墨两家。有关儒家及其创始人孔子的记载可以说汗牛充栋，已经非常详细；而关于墨子的就极其简略了，有关的遗迹也难以寻觅。《史记》没有墨子的专传，只在《孟子荀卿列传》的最后附记了寥寥 24 个字：“盖墨翟，宋之大夫，善守御，为节用。或曰并孔子时，或曰在其后。”这 24 个字，并没有准确交代墨子的身世背景；至于墨子是否做过“宋国的大夫”，后人也颇多争议；只有“善守御”“为节用”6 个字确凿无误，反映了墨子擅长防守之术、力行节俭之道的显著特点。

墨学从最初能与儒学旗鼓相当的“先秦显学”到逐渐衰微，直至被推向历史的边缘，这一条路虽然越走越冷清，但丝毫影响不了其开辟者墨子的伟大。他的伟大主要体现在以下几个方面：

墨子是中国的平民圣人。他出生于木工世家，一生都是劳动者(也有人认为他曾经在宋国做过一小段时间的大夫)。墨子自己也从不否认下层劳动人民的身份，骄傲地以“北方之鄙人”自称，即使后来成为了墨家领袖也一直念念不忘“农与工肆之人”和“农与工肆之事”。他的一切言行，几乎都代表着劳动人民的利益。这一平民代言人的身份在由他开创并身体力行的“墨家十论”中体现得淋漓尽致。这十论,即“兼爱”“非攻”“尚贤”“尚同”“天志”“明鬼”“非命”“非乐”“节用”“节葬”。笔者将其两两组合,列为前五个单元。“兼爱”是墨子整个思想体系的核心,是墨学的根本观念。正因为提倡爱无界、爱无私、爱无别、爱无偏,才会反对侵略战争,反对以大欺小、以强凌弱,“非攻”的理论由此衍生。“尚贤”“尚同”讲的是用人制度——唯贤是举、统一于上,这颠覆了贵族血统论,给予平民百姓以改变命运、翻身做“主”的机会。“天志”“明鬼”“非命”反映的是墨子的宗教思想,以上天的意志为最高准则监督与衡量天子的一言一行,以鬼神的无处不在、明察秋毫来约束与规范人的行为,以反对命定论来激发人们自强不息、积极进取的斗志。“非乐”“节用”“节葬”主要是针对统治阶级的奢侈糜烂,从文化娱乐与消费财用两方面提出节约用度。作为劳动者,墨子深深知道稼穑之艰难、生产之不易,他不仅大力提倡戒奢以俭,反对铺张浪费,而且自己也终生过着艰苦朴素、勤俭节约的生活,实践着节用富民的主张。“墨家十论”牢牢扎根于底层,以爱的光辉温暖了饱受战乱之痛、压迫之苦的民心。无怪乎孙中山先生曾说:“古时最讲‘爱’字的莫过于墨子,墨子所讲的兼爱与耶稣的博爱是一样的。”当然,也正因为墨子的爱以平民为出发点,墨学注定不会受到统治者的推崇与力捧。这恐怕也是墨学在与儒学的分庭抗礼中完败的原因之一吧。

墨子是中国的科学先驱。在先秦诸子中,墨子是最富有科学精神而且在自然科学的诸多领域都有理论研究成果及科技发明创造的巨匠。他既是一位“好学而博”(《庄子·天下篇》)的学问家,也是一位手艺高超精湛的技术家。他曾巧制木鹰使之翱翔长空,巧为“车辖(竖插在车轴前端的楔子)”以根绝车轮脱轴、车子倾覆的危害。还有“县梁”“罂听”等诸如此类为保护弱国免遭强国侵略而设计的守拒器物,虽未必是墨子亲手制作,但这些详细的记载至少可以证明墨子精于此道。

墨子不仅带领弟子制造生产、军事两用的桔槔、辘轳、滑轮、车梯等机械工具或武器,还同弟子一起进行本影、半影、球面镜成像、小孔成像等一系列光学实验,与弟子共同进行力学、声学等科学试验,等等。清末民初,儒学衰落,西学东渐,中国学者逐渐用新的眼光来审视墨学,才发现在两千多年前的《墨子》一书中,竟埋藏着如此之多、如此之深刻的数学、几何学、光学、力学、物理学、天体学等自然科学的重要内容,实在令人惊讶。英国的科学史家李约瑟在《中国科学技术史》(第二卷)中说墨家“勾画出了堪称之为科学方法的一套完整理论”。这套理论,包括数学、力学、光学、心理学等诸多学科,其中许多成就在当时已达到了世界领先水平,有些即使在今天看来也不乏真知灼见。

墨子是中国逻辑学的鼻祖。所谓逻辑,就是思维的形式、方法及其规律。人类三个古老的国家(古印度、古希腊、中国)几乎在相同的历史阶段(约在公元前5至前3世纪)各自独立创建了自己的逻辑学说:古印度的因明学,古希腊的形式逻辑,中国先秦时代的墨辩逻辑,成为世界上三大逻辑流派。在中国古代逻辑史上,墨子自觉地认识到思维形式、思维方法和思维规律的重要性。他将思维形式作为自己的研究对象,第一个写出具有体系的逻辑学说——《墨辩》6篇:《经上》《经下》,《经说上》《经说下》,《大取》《小取》。墨子大量地运用了逻辑推论的方法,以建立或论证自己的政治、伦理思想。他还在中国逻辑史上第一次提出了辩、类、故等逻辑概念。墨子所说的“三表”既是言谈的思想标准，也包含推理论证的因素。墨家重科学，重逻辑，“在先秦诸子普遍忽视科学与逻辑的学术背景下，墨家的这一特征显得尤其可贵”（秦彦士《诸子学与先秦社会》）。

流传到今天的《墨子》一书，共为15卷53篇76 516字。如果加上散佚的18篇，就有10万字，在诸子百家里面，可以说是最多的了。虽然不能以字数论高低，但墨子及其弟子涉猎之广，实在令人叹为观止。本册书只是撷取了墨学中的大纲目（十论）并以此组合为单元主题，再加上国备防守及墨经中的逻辑部分，分列为7个单元。《墨子》各卷不再按原先顺序排列而是根据主题词的需要编入相应单元。对于大部头的《墨子》而言，不到2万字的选译，一定是挂一漏万的。但是我们也许能在其中发现一些由墨家文化哺育出来的民族精神与民族性格，比如埋头苦干、自强不息、克勤克俭、互助互爱、不畏艰险，不怕牺牲……有学者把老子、墨子和孔子归结为“先秦三圣”，即：老子为“真圣”、墨子为“善圣”、孔子为“美圣”，并且认为，这三位先哲是开创了中华文明真、善、美三个方面最初精神境界的伟人。那么，就让我们在这本书里聆听善圣之言，沐浴在“爱”的光芒中，寻找到“至善之根”吧。

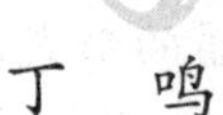

丁　鸣

目录

第一单元　兼爱·非攻

第二单元　尚贤·尚同

第三单元　节用·节葬

第四单元　非乐·非命

第五单元　天志·明鬼

第六单元　国备·防守

第七单元　墨经·逻辑

第一单元

兼爱·非攻

什么叫兼爱？兼的本义是一手执两禾，引申为同时顾及事物的几个方面，而不是只考虑和认识到它的一个方面；要全面，不要片面。片面，则是“别”，墨子要“兼以易别”（《兼爱下》）。因此所谓“兼爱”，就是“爱无差等”，人与人之间不分血缘关系的亲疏和身份等级的贵贱，普遍地、平等地互相爱。这是墨子学说的脊梁，也是墨子道德理想的核心。

非攻，即反对战争，是“兼爱”这一根本命题的应有之义。战争是对敌国最大的不爱，如果爱人之国若己国，那就自然不会发生国与国之间的战争了。可以说，“兼爱”和“非攻”是一个问题的两个方面。兼爱是正面，相攻是反面。兼爱就必然非攻，非攻才体现兼爱。墨子反对战争的呼号，是源出于“兼爱”思想的一项政治主张，也可以视为人类厌恶战争的本性在思想家墨子那里的理性表达。

兼爱上

原文

圣人以治天下为事者也，必知乱之所自起[①]，焉[②]能治之；不知乱之所自起，则不能治。譬之如医之攻[③]人之疾者然，必知疾之所自起，焉能攻之；不知疾之所自起，则弗能攻。治乱者何独不然，必知乱之所自起，焉能治之；不知乱之所自起，则弗能治。

圣人以治天下为事者也，不可不察乱之所自起。当[④]察乱何自起？起不相爱。臣子之不孝君父，所谓乱也。子自爱不爱父，故亏[⑤]父而自利；弟自爱不爱兄，故亏兄而自利；臣自爱不爱君，故亏君而自利，此所谓乱也。虽[⑥]父之不慈子，兄之不慈弟，君之不慈臣，此亦天下之所谓乱也。父自爱也不爱子，故亏子而自利；兄自爱也不爱弟，故亏弟而自利；君自爱也不爱臣，故亏臣而自利。是何也？皆起不相爱。

虽至天下之为盗贼[⑦]者亦然，盗爱其室，不爱其异室，故窃异室以利其室；贼爱其身，不爱人，故贼人以利其身。此何也？皆起不相爱。虽至大夫之相乱家[⑧]、诸侯之相攻国者，亦然。大夫各爱其家，不爱异家，故乱异家以利其家；诸侯各爱其国，不爱异国，故攻异国以利其国，天下之乱物[⑨]具[⑩]此而已矣。察此何自起？皆起不相爱。

若使天下兼相爱，爱人若爱其身，犹有不孝者乎？视父兄与君若其身，恶[11]施不孝？犹有不慈者乎？视弟子与臣若其身，恶施不慈？故不孝不慈亡[12]有。犹有盗贼乎？故视人之室若其室，谁窃？视人身若其身，谁贼？故盗贼亡有。犹有大夫之相乱家、诸侯之相攻国者乎？视人家若其家，谁乱？视人国若其国，谁攻？故大夫之相乱家、诸侯之相攻国者亡有。若使天下兼相爱，国与国不相攻，家与家不相乱，盗贼无有，君臣父子皆能孝慈，若此则天下治。

故圣人以治天下为事者，恶得不禁恶[13]而劝[14]爱？故天下兼相爱则治，交相恶则乱。故子墨子[15]曰："不可以不劝爱人者，此也。"

注解：① 所自起：从哪里产生。② 焉：乃，于是，才。下同。③ 攻：治疗。④ 当：读为"尝"，试。⑤ 亏：损害。⑥ 虽：即使。下同。⑦ 盗贼：泛指盗贼匪徒。古代盗与贼含义不同，盗指偷窃财物者，贼指残害人身者。⑧ 家：古代卿大夫的封地，与"国"并举，"国"指诸侯的封地。⑨ 物：指的是天下之乱事。⑩ 具：通"俱"，此短句意为"俱尽于此矣"，即"全部都在这里了"。⑪ 恶(wū)：疑问代词，何，安，怎么，下文"恶得"之"恶"同。⑫ 亡：通"无"。⑬ 恶(è)：仇恨。⑭ 劝：劝勉，鼓励。⑮ 子墨子：墨子的弟子对老师的尊称。

今译

圣人是以治理天下为事业的人，必须知道混乱从哪里产生，才能加以治理；不知道混乱从哪里产生，就不能加以治理。这就好像医生治疗人的疾病一样，必须要知道疾病从哪里产生，才能加以治疗；不知道疾病从哪里产生，就不能加以治疗。治理混乱又何尝不是这样？必须知道混乱从哪里产生，才能加以治理；不知道混乱从哪里产生，就不能加以治理。

圣人是以治理天下为事业的人，不可以不考察混乱从哪里产生。尝试考察混乱从哪里产生呢？产生于人与人不相爱。臣与子不孝敬君与父，这就叫作混乱。儿子爱自己不爱父亲，所以损害父亲而利于自己；弟弟爱自己而不爱兄长，所以损害兄长而利于自己；臣下爱自己而不爱国君，所以损害国君而利于自己，这就叫作混乱。（反过来，）即使父亲不慈爱儿子，兄长不慈爱弟弟，国君不慈爱臣下，这也是天下所说的混乱。父亲爱自己而不爱儿子，所以损害儿子而利于自己；兄长爱自己而不爱弟弟，所以损害弟弟而利于自己；国君爱自己而不爱臣下，所以损害臣下而利于自己。这是为什么呢？都是源于不相爱。

即使在天下做盗贼匪徒的人也是这样，盗贼爱自己的家，不爱别人的家，所以盗窃别人的家而利于自己的家；匪徒只爱自身，不爱别人，所以残害别人而利于自己。这是什么原因呢？都源于不相爱。即使士大夫相互侵扰对方的封地、诸侯相互攻伐对方的封国，也是这样。士大夫各自爱他自己的封地，不爱别人的封地，所以侵扰别人的封地以利他自己的封地；诸侯各自爱他自己的封国，不爱别人的封国，所以攻伐别人的封国以利他自己的封国。天下的乱事全部都在这里了。考察它们从哪里产生呢？都产生于不相爱。

如果使天下都能相亲相爱，爱别人就像爱自己，还能有不孝的吗？看待父亲、兄弟和国君如同自己一样，怎么会做出不孝的事呢？还会有不慈爱的吗？看待弟弟、儿子与臣下如同自己一样，怎么会做出不慈的事呢？所以不孝不慈都没有了。（这样的话，）还有盗贼吗？看待别人的家像自己的家一样，谁会盗窃？

看待别人就像自己一样，谁会害人？所以盗贼匪徒没有了。还会有士大夫相互侵扰封地、诸侯相互攻伐封国（的事）吗？看待别人的封地就像自己的封地，谁会侵犯？看待别人的封国就像自己的封国，谁会攻伐？所以士大夫相互侵扰封地、诸侯相互攻伐封国，都没有了。如果使天下的人都相亲相爱，国家与国家不相互攻伐，家族与家族不相互侵扰，盗贼匪徒没有了，君臣父子间都能孝敬慈爱，（如果）像这样，（那么）天下也就治理了。

所以圣人是以治理天下为事业的人，怎么能不禁止相互仇恨而鼓励相爱呢？因此天下的人相亲相爱就会治理好，相互憎恶则会混乱。所以墨子说："不可以不鼓励爱别人，（道理就在）这里啊。"

释义

《兼爱上》与《兼爱中》《兼爱下》相比，篇幅是最短的，但已将"爱无差等，爱人若己"的理念表露无遗。文章开篇就以诸子说理惯用的类比法，将"圣人治国"等同于医生治病，医生欲病治必查病源，国君欲国治必究乱根。那么这"乱根"何在？第二段斩钉截铁地指出——"不相爱"。这正是各种社会乱象产生的根源。人若只爱自己，只爱自家，只爱自国，这就是片面的爱、偏私的爱，停留于这一层面的爱便有问题。君臣父子不相爱必损人自利，由此推及，小至强盗匪徒违法乱纪，大至诸侯大夫互相攻伐，种种祸乱都是不能相亲相爱而致。

问题的症结找到了，补救的方法是什么？为了化解人我之间的隔阂和争斗，墨子提出了"兼爱"的济世方略——"使天下兼相爱，爱人若爱其身"。当爱自己能兼及他人，爱自家能兼及他家，爱自国能兼及他国，当"人类一体，四海一家"时，君臣父子间怎会不慈孝，所有窃夺攻占怎有存在的必要，天下大治怎会不水到渠成？应该说，墨子所坚持的"兼爱"思想，道出了人与人关系上所普遍存在的流弊，也表达了他用“爱”来化解各种社会矛盾，安定社会民生，实现社会和谐的美好愿望。

当然，企图以兼爱这种人类情感上的和伦理观念上的普遍而无差别的爱心来消弭一切祸乱，以匡时济世，这充其量是一帖抚慰民心、体谅民生的膏药。墨子不遗余力的宣扬，不啻是一场关于爱的呓语！

兼爱中（节选）

原文

子墨子言曰：“天下之士君子，特[①]不识其利、辩[②]其故也。今若夫[③]攻城野战，杀身为名，此天下百姓之所皆难[④]也。苟[⑤]君说[⑥]之，则士众能为之。况于兼相爱、交相利，则与此异。夫爱人者，人必从而爱之；利人者，人必从而利之；恶人者，人必从而恶之；害人者，人必从而害之。此何难之有[⑦]？特上弗以为政，士不以为行故也。”

昔者晋文公好[⑧]士之恶衣[⑨]，故文公之臣皆牂羊[⑩]之裘，韦[⑪]以带剑，练帛[⑫]之冠，入以见于君，出以践[⑬]于朝。是其故何也？君说之，故臣为之也。昔者楚灵王好士细要[⑭]，故灵王之臣皆以一饭为节[⑮]，胁息[⑯]然后带，扶墙然后起，比期年[⑰]，朝有黧黑[⑱]之色。是其故何也？君说之，故臣能之也。昔越王勾践好士之勇，教驯[19]其臣，和合之[20]焚舟失火[21]，试其士曰："越国之宝尽在此！"越王亲自鼓其士而进之。士闻鼓音，破碎乱行[22]，蹈火[23]而死者左右[24]百人有余。越王击金[25]而退之。

是故子墨子言曰：乃若夫[26]少食恶衣，杀身而为名，此天下百姓之所皆难也。若苟君说之，则众能为之。况兼相爱、交相利与此异矣。夫爱人者，人亦从而爱之；利人者，人亦从而利之；恶人者，人亦从而恶之；害人者，人亦从而害之。此何难之有焉？特上不以为政，而士不以为行故也。

注解：① 特：只是。② 辩：通"辨"，辨识。③ 若夫(fú)：语气词，用在句首或段落的开始，表示另提一事，可以翻译为"至于"，并无实际意思。④ 难：以……为难，对……感到为难。⑤ 苟：如果。⑥ 说：通"悦"，喜欢。⑦ 何难之有：有何难，有什么困难呢？⑧ 好(hào)：喜爱。⑨ 恶衣：破旧的衣服。⑩ 牂(zāng)羊：母羊。以母羊之皮为裘，比起羔羊之皮为裘，质量差得多。⑪ 韦：熟牛皮。古人很讲究腰带，以熟牛皮为带是最简陋的了。⑫ 练帛：大帛，厚缯布，是一种初级织品。⑬ 践：临，这里指位列。⑭ 要：通"腰"。⑮ 为节：作为节制。⑯ 胁息：屏气。⑰ 比期(jī)年：比，等到。期年，一周年。⑱ 黧(lí)黑：脸色黑。⑲ 教驯：教训。⑳ 和合之：把他们集中合在一起。㉑ 焚舟失火：放火烧船。㉒ 破碎乱行(háng)："碎"疑为"阵"字之误。行，队形。㉓ 蹈火：踩火，形容奋不顾身冲向大火。㉔ 左右：近臣，随从。㉕ 金：铜锣。古代号令，击鼓则进军，鸣金则收兵。㉖ 乃若

夫：语助词。

今译

墨子说道："天下的士人君子们，只是不能认识到相亲相爱的益处，没有辨识要相亲相爱的缘故。现在例如攻城野战，(人们)牺牲生命来求得名声，这是天下的百姓都觉得为难的事。(但)假如国君喜欢，那么当官的和老百姓就能做到。何况相亲相爱、交互得利(与之相比)，则是完全不同的(好事)。凡是爱别人的人，别人也一定随即爱他；有利于别人的人，别人也一定随即有利于他；憎恶别人的人，别人也一定随即憎恶他；损害别人的人，别人也一定随即损害他。(实行兼爱)有什么困难呢？只是国君不用它来治理政事，为官者不用它来付诸行动的缘故啊。"

从前晋文公喜欢士人穿破旧的衣服，所以文公的臣下都穿着母羊皮缝成的皮衣，用熟牛皮围着来挂佩剑，头戴厚缯布作的帽子，(这身打扮)进可以参见国君，出可以列位朝廷。这是什么缘故呢？国君喜欢这样，所以臣下就这样做。从前楚灵王喜欢细腰之人，所以灵王的臣下就吃一顿饭来作为节制，屏气然后才系上腰带，扶墙然后才站得起来，等到满一年，朝廷之臣都(饥瘦得)面有深黑之色。这是什么缘故呢？国君喜欢这样，所以臣下能做到这样。从前越王勾践喜爱士兵勇猛，教导训练他的臣下时，先把他们集中在一起，(然后)放火烧船，考验他的将士说："越国的财宝全在这船里。"越王亲自擂鼓，让将士前进。将士听到鼓声，(争先恐后，)队形散乱，冲向大火而被烧死的人，近臣达一百多个。越王于是鸣金让他们退下。

所以墨子说道："像节制饮食、穿破旧的衣服、牺牲生命来求得名声，这是天下的百姓都觉得为难的事。(但)假如国君喜欢它,那么为官的和老百姓就能做到。何况相亲相爱、交互得利(与之相比),则是完全不同的(好事)啊!爱别人的人,别人也随即爱他;有利于别人的人,别人也随即有利于他;憎恶别人的人,别人也随即憎恶他;损害别人的人,别人也随即损害他。(实行兼爱)有什么困难呢?只是国君不用它来治理政事,为官者不用它来付诸行动的缘故啊。"

释义

本篇从"兼爱"的必要性谈到了"兼爱"的可行性。节选部分着重回答了对兼爱难行的质疑。墨子举晋文公好恶衣、楚灵王好细腰、越王勾践好士勇之例,来证明统治者有心为之则臣民必能应之的道理。那么,若当权者大力倡导兼爱思想,积极推广兼爱政策,将必然得到臣民的云集响应,如此,天下兼爱的实现将何难之有?

墨子的兼爱在本质上是希望建立一种人与人之间的互惠关系,尽管事实上人与人之间存在着这样那样的区别,比如经济地位不同、社会地位不同、亲疏关系不同等等,但这些并不会妨碍人与人之间平等对待的相互关爱。当代学者王赞源先生指出:"一般而言,善往则善来,恶往则恶来,以善报善,以恶报恶,合于经济法则。"这反映了人际交往中"投我以桃,报之以李"的互动性,也是兼爱可行的条件之一。此外,人的主动性也为兼爱的施行创设了条件。若一方意识到"兼爱"的意义,肯定这种努力的价值,愿意主动的"先爱",那么"相爱"就有了牢靠的前提。当然,既然"兼"是要消解人我之别,实现人我不相贼,那么换位思考意识的培养和友爱诚信原则的建立便成为应有之义。

兼爱下（节选）

原文

《周诗》曰："王道荡荡[①]，不偏不党[②]，王道平平[③]，不党不偏。其直若矢[④]，其易[⑤]若厎[⑥]，君子之所履[⑦]，小人[⑧]之所视[⑨]。"若吾言非语道之谓也[⑩]？古者文武为正[⑪]，均分赏贤罚暴，勿有亲戚弟兄之所阿[⑫]，即此文武兼也。虽子墨子之所谓兼者，于文武取法焉。不识天下之人所以皆闻兼而非[⑬]之者，其故何也？

……

故兼者圣王之道也，王公大人之所以[⑭]安也，万民衣食之所以足也。故君子莫若[⑮]审兼而务[⑯]行之，为人君必惠[⑰]，为人臣必忠，为人父必慈，为人子必孝，为人兄必友，为人弟必悌[⑱]。故君子莫若欲为惠君、忠臣、慈父、孝子、友兄、悌弟，当若兼之不可不行也，此圣王之道而万民之大利也。

注解：① 荡荡：平坦而宽大的样子。② 党：偏私，偏袒。③ 平平：公正均衡。④ 矢：箭。⑤ 易：平。⑥ 厎：通"砥"，磨刀石。⑦ 履：实行。⑧ 小人：平民百姓。⑨ 视：仰望。⑩ 若吾言非语道之谓也：疑当作"故若言，语兼之谓也"。这里所说的话就是兼爱的道理。⑪ 正：通"政"。⑫ 阿（ē）：私，偏袒，迎合。⑬ 非：非难，反对。⑭ 所以：表原因。⑮ 莫若：

不如。⑯ 务：致力，从事。⑰ 惠：仁惠。⑱ 悌（tì）：敬爱兄长。

今译

《周诗》说："治国之道坦荡宽广，不偏私不结党；治国之道公正均衡，不结党不偏私。它正直如箭，平直如石，这是君子所实践的，是百姓所仰望的。"这里所说的话，讲的难道不是兼爱的道理吗？古时周文王、周武王为政，分配平均，奖赏贤者，惩罚恶人，没有偏袒父母兄弟亲戚（的现象），这就是周文王、武王的兼爱。即使墨子所说的兼爱，也是从文王、武王那里取法的。不知道天下的人为什么一听到兼爱就反对，这究竟是什么缘故？

……

所以说兼爱，是圣明君王的治国之道，王公大人因此得到安稳，万民衣食因此得以足用。所以君子不如审察兼爱的道理而努力实行它。（这样）做人君的一定仁惠，做人臣的一定忠诚，为人父的一定慈爱，为人子的一定孝敬，为人兄的一定友爱其弟，为人弟的一定敬爱兄长。所以君子没有谁不想要做仁惠之君、忠诚之臣、慈爱之父、孝敬之子、友爱之兄、敬爱之弟的，（那么）对于兼爱就不可不去实行。这是圣王的治国之道，万民最大的利益啊。

释义

《兼爱下》是"兼爱三章"中篇幅最长，论述最详尽的一篇，主旨与前两篇大致相同。节选部分的第一段内容为前两篇所无。先援引《周诗》，明确指出无论是君子抑或小人（平民百姓）都渴望治国之道公正公平，暗合"兼爱"的要义；再述周文王、武王为政之道——均分、赏贤、罚暴、不偏私，兼行其道，紧扣"兼爱"的内涵。墨子强调自己是法先王者，其"兼相爱，交相利"思想的形成与汲取古代圣王治理国家的成功经验是分不开的。此段是以圣王的言行来驳斥非兼者的诘难。

节选的后一段是墨子反复描绘的兼爱的美好图景。墨子将社会上人与人之间的关系归纳为国与国、家与家、君与臣、父与子、兄与弟之间的关系。“惠君、忠臣、慈父、孝子、友兄、悌弟”既是兼爱的条件也是兼爱的目的,还是兼爱的结果。“兼相爱、交相利”既是立圣王之治,也是求万民之利。应该说,墨子是以一种兼爱万民的人道主义情怀,秉持着一种以追求“最广大人民的利益”为宗旨和目标的政治哲学。

非攻上

原文

今有一人,入人园圃[①],窃其桃李,众闻则非[②]之,上为政者得[③]则罚之。此何也?以[④]亏人自利也。至攘[⑤]人犬豕鸡豚[⑥]者,其不义又甚入人园圃窃桃李。是何故也?以亏人愈多,其不仁兹[⑦]甚,罪益厚[⑧]。至入人栏厩[⑨],取人牛马者,其不仁义又甚攘人犬豕鸡豚。此何故也?以其亏人愈多。苟亏人愈多,其不仁兹甚,罪益厚。至杀不辜人也,扡[⑩]其衣裘,取戈剑者,其不义又甚入人栏厩、取人牛马。此何故也?以其亏人愈多。苟亏人愈多,其不仁兹甚矣,罪益厚。当此,天下之君子皆知而非之,谓之不义。今至大为攻国,则弗知非,从而誉[⑪]之,谓之义。此可谓知义与不义之别乎？

杀一人谓之不义，必有[12]一死罪矣。若以此说往[13]，杀十人十重[14]不义，必有十死罪矣；杀百人百重不义，必有百死罪矣。当此，天下之君子皆知而非之，谓之不义。今至大为不义攻国，则弗知非，从而誉之，谓之义。情[15]不知其不义也，故书其言以遗[16]后世。若知其不义也，夫奚说[17]书其不义以遗后世哉？

今有人于此，少见黑曰黑，多见黑曰白，则以此人不知白黑之辩[18]矣；少尝苦曰苦，多尝苦曰甘，则必以此人为不知甘苦之辩矣。今小为非[19]，则知而非之。大为非攻国，则不知非，从而誉之，谓之义。此可谓知义与不义之辩乎？是以知天下之君子也，辩[20]义与不义之乱也。

注解：① 园圃：种树为园，种菜为圃。泛指果园。② 非：非难，责备。③ 得：得到，这里指捕获。④ 以：因为。⑤ 攘(rǎng)：夺取。⑥ 犬豕(shǐ)鸡豚(tún)：狗鸡猪。豕指猪，豚指小猪。⑦ 兹(zī)：更加。⑧ 益厚：更加深重。⑨ 栏厩：指牲口棚。⑩ 扡：同“拖”，拉下，剥下。⑪ 誉：赞誉。⑫ 有：构成。⑬ 以此说往：按照这种说法进一步推论。⑭ 十重：十倍。⑮ 情：通“诚”，实在。⑯ 遗：遗留，留传。⑰ 奚说：怎么说，什么理由。⑱ 辩：通“辨”，区别。⑲ 为非：做错事。⑳ 辩：通“辨”，辨别。

今译

假如现在有一个人，进入别人的果园，偷窃他家的桃子、李子，众人听说后就指责他，上边执政的人捕获这个窃贼后就要处罚他。这是为什么呢？因为他损人利己。至于偷盗别人的鸡、狗、猪的人，他的不义又超过进入别人的果园去偷桃李的。这是什么缘故呢？因为他损人更大，他的不仁也更严重，罪过也更深重。至于进入别人的牛栏马厩内，偷取别人的牛马的人，他的不仁不义又超过偷盗别人鸡、狗、猪的了。这是什么缘故呢？因为他损人更大。如果损人更大，他的不仁也更严重，罪过也更深重。至于妄杀无辜之人，剥下他的衣服皮裘，夺取他的戈剑佩戴，那么这人的不义又超过进入别人的牛栏马厩偷取别人牛马的。这是什么缘故呢？因为他损人更大。如果损人更大，那么他的不仁也更严重，罪过也更深重。对此，天下的君子都知道指责他，称他为不义。当今最大的不义就是攻伐别人的国家，人们却不知指责其错误，反而跟着去赞誉他，称之为义。这可以算是知道义与不义的区别吗？

杀掉一个人叫作不义，必定构成一项死罪。假如按照这种说法进一步推论，杀掉十个人有十倍不义，则必然有十重死罪了；杀掉一百个人有一百倍不义，则必然构成一百重死罪了。对这种(罪行)，天下的君子都知道指责它，称它不义。当今最大的不义就是攻伐别人的国家，人们却不知道指责其错误，反而跟着称赞它，称之为义。他们确实是不知道那是不义的，所以记载那些(称赞攻国的)言论遗留给后代。如果他们知道那是不义的，又以什么理由来记载这些不义之事，用来遗留给后代呢？

假如现在这里有一个人，看见少许黑色就说是黑的，看见很多黑色却说是白的，那么(人们)就会认为这个人不懂得白和黑的区别；少尝一点苦味就说是苦的，多尝些苦味却说是甜的，那么(人们)就会认为这个人是不懂得苦和甜的区别。现在，小范围内做不对的事，人们知道指责其错误。大范围内犯错去攻打别国，人们却不知道指责其错误，反而跟着称赞他，称之为义。这可以算是知道义与不义的区别吗？(我)由此知道天下的君子，辨别义与不义的观念是多么混乱了。

释义

本篇是《非攻》的上篇，对墨子非攻思想的阐述并不及中、下篇完整，但是结构严谨，推理明晰，逻辑性强，是一篇极为典型的墨子论说文。文章从人们熟知的现象谈起，即从窃人桃李者、攘人鸡犬者、取人牛马者到妄杀无辜者谈起，其“亏人愈多”“不仁兹甚”“罪益厚”，“不义”的程度可谓步步升级，受到责备那是理所应当。但是，对于攻人之国者，天下君子们却不但认识不到霸权侵略为最大的“不义”，反而盲从其后，反以为“义”。这就像看见一点黑说是黑，看见许多黑却是白；尝到一点苦说是苦，尝到许多苦却是甜一样，是自相矛盾的，荒谬的。这些维战的君子之流混淆黑白，颠倒是非，是多么可笑，又多么可怕！墨子以民众普遍认同的社会公德为依据，层层推进，从具体事例推向抽象结论，证明了攻战的不义，也揭开了强权者打着正义的旗号四处掠夺的真面目。

全篇围绕“非攻”的观点，反复取譬设喻，层层论述，步步紧逼，最后一句“是以知天下之君子也，辩义与不义之乱也”又劲如豹尾，义正辞严。全篇无“子墨子曰”，可能是墨子自著。

公输

原文

公输盘[①]为楚造云梯之械[②]成，将以攻宋。子墨子闻之，起于齐，行十日十夜而至于郢[③]，见公输盘。

公输盘曰:“夫子何命焉为[4]?”子墨子曰:“北方有侮臣者,愿借子杀之。”公输盘不说[5]。子墨子曰:“请[6]献十金。”公输盘曰:“吾义固[7]不杀人。”子墨子起,再拜[8]曰:“请说[9]之。吾从北方闻子为梯,将以攻宋。宋何罪之有[10]?荆国[11]有余于地,而不足于民,杀所不足,而争所有余,不可谓智。宋无罪而攻之,不可谓仁。知而不争,不可谓忠。争而不得,不可谓强。义[12]不杀少而杀众,不可谓知类[13]。”公输盘服。子墨子曰:“然乎不已乎[14]?”公输盘曰:“不可。吾既已言之王[15]矣。”子墨子曰:“胡不见[16]我于王?”公输盘曰:“诺。”

子墨子见王,曰:“今有人于此,舍其文轩[17],邻有敝舆[18],而欲窃之;舍其锦绣[19],邻有短褐[20],而欲窃之;舍其粱肉[21],邻有糠糟[22],而欲窃之。此为何若人?”王曰:“必为窃疾矣。”子墨子曰:“荆之地,方五千里,宋之地,方五百里,此犹文轩之与敝舆也;荆有云梦[23],犀兕麋鹿[24]满之,江汉之鱼鳖鼋鼍[25]为天下富,宋所为无雉[26]兔狐狸者也,此犹粱肉之与糠糟也;荆有长松、文梓、楩楠、豫章[27],宋无长木,此犹锦绣之与短褐也。臣以三事[28]之攻宋也,为与此同类,臣见大王之必伤义而不得。”王曰:“善哉!虽然[29],公输盘为我为云梯,必取宋。”

于是见公输盘,子墨子解带为城,以牒为械[30],公输盘九设攻城之机变,子墨子九距[31]之,公输盘之攻械尽,子墨子之守圉[32]有余。公输盘诎[33],而曰:“吾知所以[34]距子矣,吾不言。”子墨子亦曰:“吾知子之所以距我,吾不言。”楚王问其故,子墨子曰:“公输子之意,不过欲杀臣。

杀臣，宋莫能守，可攻也。然臣之弟子禽滑厘等三百人，已持臣守围之器，在宋城上而待楚寇矣。虽杀臣，不能绝也。”楚王曰：“善哉！吾请无[35]攻宋矣。”

子墨子归，过宋，天雨[36]，庇其闾中[37]，守闾者不内[38]也。故曰：“治于神者[39]，众人不知其功，争于明者，众人知之。”

注解：① 公输盘：“盘”也作“班”“般”。鲁国巧匠，即鲁班。② 云梯之械：古时用以登高攻城的器械，因其高而名为云梯。③ 郢：楚国国都，故址在今湖北省江陵县。④ 何命焉为：您要指派我去干什么呢？“何……为”，固定句式，意为“要……干什么呢?”命，命令，指派。⑤ 说：通“悦”，高兴。⑥ 请：请允许我。⑦ 固：坚决地。此句中的“义”，名词作动词，解释为“崇尚仁义”；也可名词作状语，解释为“崇尚仁义地”。⑧ 再拜：拜了两次。⑨ 说：解释说明。⑩ 何罪之有：有何罪。⑪ 荆国：楚国的别称。⑫ 义：名词作动词，坚守仁义。⑬ 类：类推，推理。⑭ 乎不已乎：意为“为什么不停止……呢?”前一个“乎”字当为“胡”，何，为什么。已，停止。⑮ 既已言之王：据孙诒让《墨子年表》，制止楚国侵宋应在楚惠王五十年（公元前 440 年）前。王，应是楚惠王。⑯ 见(xiàn)：引荐。⑰ 文轩：指漆有美丽纹饰的车子。⑱ 敝舆：破车。⑲ 锦绣：色彩鲜艳、质地精美的丝织品。⑳ 短褐：指粗布短衣。㉑ 粱肉：精美的主食。㉒ 糠糟：即糟糠，粗食。㉓ 云梦：云梦泽，楚国大湖名。㉔ 犀兕(sì)麋鹿：犀牛驼鹿。兕，雌性犀牛。麋，鹿的一种，角大尾短。㉕ 江汉之鱼鳖鼋(yuán)鼍(tuó)：江汉，指长江、汉水。鼋，鳖类，俗称“癞头鳖”。鼍，即今扬子鳄。㉖ 雉(zhì)：野鸡。㉗ 楩(pián)楠、豫章：均指珍贵木材。㉘ 三事：周代大臣，一般指司徒、司马、司空。

墨子不能直接指责楚王，故婉言是大臣之谋。㉙ 虽然：即使这样。㉚ 以牒为械：牒，小木片。械，器械。㉛ 距：通“拒”，抵抗。㉜ 圉：通“御”，抵挡。㉝ 诎(qū)：屈服，折服。㉞ 所以：表工具，用来(的方法)。㉟ 无：通“毋”，不要。㊱ 雨：名词作动词，下雨。㊲ 庇其闾中：到里门去避雨。庇，蔽，躲藏。闾，里门。㊳ 内：通“纳”，接纳。当时楚将攻宋的消息传至宋国，守城人不识墨子，故不许他进入。㊴“治于神者”四句：治，致力。《尸子·贵言》：“圣人治于神，愚人争于明。”“神”指圣人的大智，“明”指俗人的小聪明。这四句是记述者的议论。

今译

公输盘为楚国制造了一种叫云梯的攻城器械，造成后，将用它来攻打宋国。墨子听说后，从齐国出发，行走了十天十夜才到楚国国都郢，见到公输盘。

公输盘说：“您要指派我去干什么呢？”墨子说：“北方有一个欺侮我的人，想要借助你杀了他。”公输盘(听后)很不高兴。墨子说：“请允许我献给你十两黄金。”公输盘说：“我崇尚仁义，决不杀人。”墨子站起来，对公输盘拜了两次，说：“请允许我解释这义。我在北方听说你制造云梯，将用它来攻打宋国。宋国有什么罪呢？楚国有多余的土地，但人口不足。现在牺牲不足的人口，去争夺有余的土地，这不能说是智慧。宋国没有罪却去攻打它，这不能说是仁义。知道这些却不去争辩，这不能说是忠诚。争辩却没有达到目的，这不能说是强大。你崇尚仁义，不去杀那一个人，却去杀害众多的百姓，这不能说是知道类推之理。”公输盘服了他的话。墨子又问他：“那么，为什么不停止(进攻宋国这件事)呢？”公输盘说：“不行。我已经跟楚王说好了。”墨子说：“为什么不向楚王引荐我呢？”公输盘说：“好。”

墨子见到楚王，说：“现在这里有一个人，丢弃自己华美的彩车，邻居有破车，却想去偷；丢弃自己华丽的丝织品，邻居有一件粗布的短衣，却想去偷；丢弃自己的肥美佳肴，邻居只有粗粮，却想要去偷。这是怎么样的一个人呢？”楚王说：“这人一定是患了偷窃病。”墨子说：“楚国的土地，方圆五千里；宋国的土地，方圆五百里，这就像彩车与破车相比；楚国有云梦大泽，犀牛麋鹿充满其中，长江汉水（盛产）鱼、鳖、鼋、鼍，是天下富饶之地，宋国却连野鸡、兔子、狐狸都没有，这就像肥美佳肴与粗食相比；楚国有各种名贵木材，宋国连棵高大的树木都没有，这就像华丽的丝织品与粗布短衣相比。我认为大王的大臣们主张攻打宋国，是与这（有偷窃病的人）属于同一种类型。我想大王一定会伤了道义，却不能攻占宋国。”楚王说：“说得好！即使这么说，公输盘已经为我制造了云梯，一定要攻取宋国。”

于是墨子又去见公输盘。墨子解下腰带，围作一座城的样子，用小木片作为守城的器械。公输盘九次布设攻城用的机巧多变的器械，墨子九次抵住了他的进攻。公输盘攻战用的器械用尽了，墨子的守御战术还绰绰有余。公输盘屈服了，却说：“我知道用什么办法抵抗你了，但我不说。”墨子也说：“我知道你将用什么方法抵抗我了，我也不说。”楚王问他原因。墨子回答说：“公输盘的意思，不过是想杀了我。杀了我，宋国没有人能防守，就可以进攻了。但是，我的弟子禽滑厘等三百人，已经拿着我守御用的器械，在宋国的都城上等待楚国的敌寇了。即使杀了我，（守御的人）也是杀不尽的。”楚王说：“好吧！我不攻打宋国了。”

墨子从楚国归来，经过宋国，天下着雨，他到里门去避雨，守门人却不接纳他。所以说：“运用神机的人，众人不知道他的功劳，而在小聪明的层面上争辩不休的人，众人却知道他。”

释义

《公输》是《墨子》中相当完整的一篇记叙文，颇具艺术性和情节性。鲁迅先生《故事新编》中的《非攻》即是以此为本的再创作。

本篇记述了墨子劝阻楚王攻宋的故事。文章充分表现了这位墨家领袖不尚空谈，为了维护正义而不辞辛劳的可贵精神和勇敢机智的品性。

文章开篇就展现了墨子对于战争苗头的敏锐洞察力及为了制止攻伐而日夜兼程的不懈努力。墨子在这十日十夜内的辛劳不言而喻，而在这十日十夜内的谋划将在随后的故事发展中次第显露。面对公输盘，墨子欲擒故纵。以“借君杀人”的请求将公输盘引入“义”的布局中。当公输盘以“义”拒之时，正是墨子陷他于“不义”之际。不仅不义，还因得不偿失而不智，因无罪攻宋而不仁，因“知而不争”而不忠，因“争而不得”而不强，因“明小不明大”而不知类。连用五个“不”逼得公输盘毫无招架之力，只能搬出楚王作挡箭牌。见楚王——这不正合乎墨子的心意吗？

同样地，墨子见到楚王之后并不急于陈说自己的主张，而是先举了一个不合常理的例子：富人偷窃穷人。通过“文轩”与“敝舆”、“锦绣”与“短褐”、“粱肉”与“糠糟”的对比，贫富的反差强烈，突出了富人行为的荒唐和愚蠢。随即用疑问（“此为何若人”）诱使楚王说出“必为窃疾矣”。接着扣住这句话，连用三个对比，极言楚国的幅员辽阔，物产丰富，宋国的面积狭小、物产贫乏，最后把“王吏攻宋”与“有窃疾者”的行为进行类比，指出楚国攻打宋国的行为实在像患了偷窃一类的毛病一般。这样说理，使其陷入矛盾中无法辩驳，令楚王理屈词穷。谁知楚王虽言曰“善哉”，又以“公输盘为我为云梯，必取宋”再一次把责任推回到公输盘那边，而且其态度强硬，一“必”字尽显。

非攻不是消极的一厢情愿，墨子还有着更为积极的策略直面干戈。墨子在战术上同公输盘来了一次较量，公输盘“九设”机变，墨子“九距”，结果“公输盘之攻械尽，子墨子之守圉有余”，公输盘彻底失败。不料，黔驴技穷的公输盘，竟想下毒手把墨子这个劲敌杀掉，以扫除攻打宋国道路上的绊脚石，但是这一阴谋非但没有得逞，反而越发显示出墨子的处变不惊。有备而来的墨子早已让禽滑厘等三百人协助宋国加强防备，持“守圉之器”而待“楚寇”，“虽杀臣，不能绝也”。墨子不仅从道义上驳倒了侵略战争的理论，又有制止侵略行为的实力，楚王不得不说出“善哉！吾请无攻宋矣”的话来。至此，墨子取得了全面胜利，达到了“止楚攻宋”的目的。

据史书记载，墨子不仅止楚攻宋，还曾止齐攻鲁，止鲁阳文君攻郑，均弥兵于未发，解民于倒悬。本篇最后一段记述者的议论颇具意味。墨子并不是一个空喊“非攻”的书生，他是一个强力“非攻”的任侠。

鲁问（节选）

原文

昔者楚人与越人舟战于江①，楚人顺流而进，迎②流而退，见利而进，见不利则其退难。越人迎流而进，顺流而退，见利而进，见不利则其退速③。越人因此若势④，亟⑤败楚人。公输子自鲁南游⑥楚，焉⑦始为舟战之器，作为钩强之备⑧，退者钩之，进者强⑨之，量其钩强之长，而制为之兵。楚之兵节⑩，越之兵不节，楚人因此若势，亟败越人。公输子善⑪其巧，以语子墨子曰：“我舟战有钩强，不知子之义亦有钩强乎？”子墨子曰：“我义之钩强，贤于⑫子舟战之钩强。我钩强，我钩之以爱，揣⑬之以恭。弗钩以爱则不亲，弗揣以恭则速狎[14]，狎而不亲，则速离[15]。故交相爱，交相恭，犹若相利也。今子钩而止人，人亦钩而止子；子强而距[16]人，人亦强而距子。交相钩，交相强，犹若相害也。故我义之钩强，贤子舟战之钩强。”

注解：① 江：长江。② 迎：逆向。③ 速：迅速。④ 因此若势：凭着这种水势。因，凭借。此若，同义复词，这(种)。⑤ 亟(qì)：屡次。⑥ 游：周游。⑦ 焉：于是。⑧ 作为钩强之备：作为，制造。钩强，即“钩镶”，古代兵器。钩的作用是在敌船逃跑时将其钩住，镶的作用是在敌船前进时将其抵挡。⑨ 强：推拒。⑩ 节：适用，控制灵活。⑪ 善：认为是好的，夸赞。⑫ 贤于：比……好，胜过。⑬ 揣：通“拒”，推拒。⑭ 狎(xiá)：侮，轻慢不尊重。⑮ 离：离散。⑯ 距：通“拒”，推拒。

今译

从前楚国人与越国人在长江上作战，楚国人顺流而进，逆流而退，见有利之势就进攻，见不利之势想要退却，就难了。越国人逆流而进，顺流而退，见有利之势就进攻，见不利之势想要退却，就很迅速。越国人凭着这种水势，屡次打败楚国人。公输盘从鲁国南边周游到了楚国，于是开始制造水上作战用的武器，(他)制造了钩、镶的武器装备，敌船后退就用钩钩住它，敌船进攻就用镶推拒它，计算钩与镶的长度，从而制造了合适的兵器。楚国人的兵器适用，越国人的兵器不适用。楚国人凭着这种优势，又屡次打败了越国人。公输盘夸赞(自己制造的)钩、镶的灵巧，而告诉墨子说：“我水上作战有(自己制造的)钩、镶，不知道您的义也有钩、镶吗？”墨子回答说：“我义的钩、镶(的力量)，胜过你水上作战的钩、镶。我的钩、镶，是以爱为钩，以恭敬作推拒。不用爱为钩就不会亲近,不用恭敬作推拒就容易轻慢,轻慢不亲近就会很快离散。所以,互相爱,互相恭敬,就好比互相受利。现在你用钩来阻止别人,别人也会用钩来阻止你;你用镶来推拒人,人也会用镶来推拒你。相互钩住,相互推拒,就好像相互残害。所以,我义的钩、镶,胜过你船战的钩、镶。”

释义

“鲁问”,即鲁穆公问墨子,先秦史书惯于撮取首篇两字为名。《鲁问》共二十三章,有十章是对某些国家统治者的批评或建议,也有与朋友和弟子的谈论。

节选部分是公输盘与墨子的一场对话。公输盘用钩、镶帮助楚国水战于越国并反败为胜,因而得意洋洋,挑起话头,企图炫耀于墨子。墨子却直截了当告诉他“我义之钩强,贤于子舟战之钩强”,也就是说在墨子看来“义”才是制胜法宝,“万事莫贵于义”。何为义?《经说上》释义云:志以天下为㤅(孙诒让说,“㤅”古爱字)。即志以天下为爱,必以天下为爱。墨子将“义”提至极高,认为只有“钩之以爱,揣之以恭”才能兼相爱、交相利,才能得人心,最终得天下。反之,任何攻伐的武器都将会为人所识、为人所用,最终以其人之道还治于其人之身。

墨子生当春秋战国之际,目睹“天下莫为义”的现状,他“独自苦而为义”,更不断地迫切地“教天下以义”,目的就是要改变天下之人“别相恶交相贼”以致陷于争战贫乱的悲境,走上和平互爱共利的征途。

第二单元

尚贤·尚同

尚贤也即贤人政治，通俗地说来就是尊重、重视和任用贤人从政，形成“能者上，庸者下”的用人机制。墨子在两千多年前就提出民主选举，以天下百姓选出圣人当国君，选出贤人担任三公辅助圣人治理国家。这无疑颠覆了贵族血统论，突破了以血缘关系为基础的传统宗法观念，反对世袭的贵族政治，这在历史上堪称首创。

尚同是与尚贤相辅而行的行政管理原则。“尚同”有两义：一为重视、强调“同”；一为“同于上”，用今天的话来说就是“统一于上”。人们的思想见解，人们的是非好恶，人们的一切行动准则，都要逐次统一于上级，直到天子，天子又最终统一于上天。“统一于上”这种政治思想立论的前提和根据，是“以贤为本”和“上贤于下”。既然“以贤为本”和“上贤于下”，那么尚同——统一于上，那就不仅是必要的，也是自然而然的了。应该说，在墨家思想学说中，尚同是尚贤的必然发展，尚贤则是尚同的必要前提。倡导“尚贤、尚同”说，标志着墨家“贤能治国论”的确立。

尚贤上（节选）

尚贤中（节选）

尚贤下（节选）

尚同上（节选）

尚同中（节选）

尚同下（节选）

尚贤上（节选）

原文

子墨子言曰："今者王公大人为政于国家者[1]，皆欲国家之富，人民之众，刑政[2]之治。然而不得富而得贫，不得众而得寡，不得治而得乱，则是本失其所欲，得其所恶，是其故何也？"子墨子言曰："是在王公大人为政于国家者，不能以尚贤事能[3]为政也。是故国有贤良之士[4]众，则国家之治厚[5]，贤良之士寡，则国家之治薄[6]。故大人之务，将在于众[7]贤而已。"

曰："然则众贤之术将奈何[8]哉？"子墨子言曰："譬若欲众其国之善射御之士者，必将富之贵之，敬之誉之，然后国之善射御之士将可得而众也。况又有贤良之士，厚乎德行，辩乎言谈，博乎道术[9]者乎，此固国家之珍，而社稷之佐[10]也。亦必且富之贵之，敬之誉之，然后国之良士亦将可得而众也。"是故古者圣王之为政也，言曰："不义不富，不义不贵，不义不亲，不义不近。"是以国之富贵人闻之，皆退而谋[11]曰："始我所恃[12]者，富贵也，今上举义[13]不辟[14]贫贱，然则我不可不为义。"亲者闻之，亦退而谋曰："始我所恃者亲也，今上举义不辟疏，然则我不可不为义。"近者闻之，亦退而谋曰："始我所恃者近也，今上举义不辟远，然则我不可不为义。"远者闻之，亦退而谋曰："我始以远为无恃，今上举义不辟远，然则我不可不为义。"逮[15]至远鄙郊外之臣、门庭庶子[16]、国中之众、四鄙之萌人[17]，闻之皆竞为义。是其故何也？曰：上之所以使下者，一物[18]也；下之所以事上者，一术[19]也。譬之富者，有高墙深宫，墙立既谨[20]上为凿一门，有盗人入，阖[21]其自入而求之，盗其无自出。是其故何也？则上得要也。

注解：① 王公大人为政于国家者：定语后置，在朝廷中执政的王公大人。② 刑政：泛指政治事务。③ 事能：事，任用。能，贤能的人。④ 贤良之士：德才兼备的人。⑤ 厚：坚实，稳定。⑥ 薄：单薄，脆弱。⑦ 众：使……增多。⑧ 将奈何：该怎么做。⑨ 博乎道术：通晓治理国家的道理和方法。⑩ 佐：辅助。⑪ 退而谋：退，返回。谋，考虑，商议。⑫ 恃：凭借，倚仗。⑬ 举义：选拔义士。⑭ 辟：通"避"。⑮ 逮：到，及。⑯ 门庭庶子：侍从之臣。嫡子之外称庶子，地位低于嫡子，往往负责宫中宿卫。⑰ 四鄙之萌人：鄙，边邑。四鄙指国家四边疆界之内。萌，即"氓"，指农民。⑱ 物：事，指"尚贤"这一种方法。⑲ 术：即途，途径。⑳ 谨：同"仅"。㉑ 阖(hé)：关闭。

今译

墨子说："如今在朝廷中执政的王公大人都想要使国家富裕，人口众多，政治安定。然而国家却不能够富裕反而贫穷，人口没有增加反而减少，政治不能安定反而混乱，这便失去了他原本所希望的，得到了他原本所厌恶的，这是什么原因呢？"墨子说："这是因为在朝廷执政的王公大人，不能够把崇尚贤者任用有才能的人作为政治措施(来施行)。因为国家如果德才兼备的人多,那么国家的根基就稳定;德才兼备的人少,那么国家的根基就单薄。所以王公大臣们急迫的任务就在于使贤能之士增多。”

有人问:“既然这样,那么使贤能的人增多的方法是怎样的呢?”墨子说:“比如想要增加自己国家擅长骑射打猎的人,就一定要使他变得富有,使他变得尊贵,尊敬他,表彰他。这样国家擅长骑射打猎的人就能够增多。何况德才兼备的人,(他们都是)德行醇厚,言谈精辩,通晓治理国家的道理和方法的人啊!这种人本来就是国家的珍宝,社稷的好帮手啊。也一定要使他变得富有,使他变得尊贵,尊敬他,表彰他,这样之后国家中德才兼备的人也一定会增多。”因此古时候圣明的君王执政时曾经说过:“不义之人就不让他富裕,不义之人就不让他尊贵,不义之人就不和他亲近,不义之人就不让他接近。”因此国家中富裕的人听说后,都返回来商议道:“原先我依仗的不就是富裕嘛,而如今的圣上选拔义士不避开贫贱的人,既然这样我就不能不成为义士。”(和圣上)亲密的人听到,也返回来商议道:“原先我所依仗的不过是(和圣上)的亲密,如今圣上选拔义士不避开疏远的人,既然这样我就不能够不成为义士。”(和圣上)接近的人听到后,也返回来商议道:“原先我依仗的不过是(和圣上)接近,而如今圣上选拔义士不避开离得远的人,既然这样我就不能不成为义士。”(和圣上)关系疏远的人听到后,也返回来商议道:“我原先以为关系疏远的人没有可以依仗的,然而当今圣上选举义士不避开关系疏远的人,既然这样我就不能不成为义士。”一直到最疏远的边疆外臣,侍从之臣,疆界之内的百姓、四方的农民听说后,都竞相成为义士,这是什么原因呢?说道:圣上用来驱使下属的,就是(尚贤)这种方法;下属用来侍奉圣上的,也是(为义)这种途径。比如富裕的人,有高墙和深宫庭院,墙已经立好,只在这上面开凿一道小门,在盗贼进去偷盗时,关上他进来的门从而捕获他，盗贼没法再出去了。这是什么原因呢？这是国君得到要领了啊。

释义

《尚贤》三篇集中反映了墨子的政治人才观，阐明了“尚贤”乃“为政之本”的主张。上篇的节选部分实则回答了两个问题：一、什么是国治的基础；二、什么是增贤的方法。

对第一个问题，墨子从君意和国情两方面加以分析。国泰民安是当权者所愿，此为君意；国贫民寡是当权者所恶，却为国情：失其所欲，得其所恶，何故？不能以尚贤事能为政也！墨子认为，尊重贤才对于治理国家是至关重要的。国家的兴亡成败关键在于用人。一个国家贤良之士的众寡以及是否能做到尚贤事能，是关系着国家的强盛或衰弱、社会的稳定或混乱的根本。

既然广纳贤士是当务之急，那么怎样才能做到呢？这就自然引出了第二个问题。“尚贤”的具体措施就是“高予之爵”“厚予之禄”“重予之权”，也就是要在政治、经济、职权等方面提高贤士的地位，他称此三者为尚贤的“三本”。除此之外，还必须任人唯贤，“举义不辟贫贱”“举义不辟亲疏”“举义不辟远近”，做到唯贤是举。墨子心目中的贤良之士，就是德行忠厚、道术渊博的德才兼备之人。符合这个标准的，就能“富之贵之，敬之誉之”，不牵扯门第，无关乎血统，不讲究亲疏。应该说，墨子的“尚贤”是彻底的，他打破了封建社会的等级观念，当然也势必会危及统治者的地位，这也是墨学失宠于专制王朝的一大因素吧。

尚贤中(节选)

原文

子墨子言曰：今王公大人之君①人民、主②社稷、治国家，欲修③保而勿失，故④不察尚贤为政之本也？何以知尚贤之为政本也？曰：自贵且智者为政乎⑤愚且贱者则治，自⑥愚贱者为政乎贵且智者则乱，是以知尚贤之为政本也。

故古者圣王甚尊尚贤而任使能，不党⑦父兄，不偏富贵，不嬖颜色⑧，贤者举而上之，富而贵之，以为官长；不肖⑨者抑⑩而废之，贫而贱之，以为徒役⑪。是以民皆劝⑫其赏，畏其罚，相率⑬而为贤。者⑭以⑮贤者众而不肖者寡，此谓进贤。然后圣人听其言，迹⑯其行，察其所能，而慎予官，此谓事能⑰。故可使治国者，使治国；可使长官者，使长官⑱；可使治邑者，使治邑。凡所使治国家、官府、邑里，此皆国之贤者也。

注解：① 君：统治。② 主：掌管。③ 修：长。④ 故：本作“胡”，为什么。⑤ 乎：于。⑥ 自：由，用。⑦ 党：袒护，偏袒。⑧ 嬖(bì)颜色：嬖，宠爱。颜色，指美貌的女子。⑨ 不肖：不贤。⑩ 抑：按，向下压。⑪ 徒役：徒，被罚服劳役的人。役，仆役，供人役使的人。⑫ 劝：勉励。⑬ 相率：相继。⑭ 者：“者”字是“是”字的误用，当属下句。今误作“相率而为

贤者”,则是民之相率为贤,以贤者众而不肖者寡之故,于义不可通。⑮ 以:因此。⑯ 迹:考查,循实而考之也。⑰ 事能:使能。⑱ 长官:名词作动词,为官吏之长。

今译

墨子说:如今的王公大臣统治百姓、掌管社稷、治理国家,想要长久地保住(自己国家)而不失去它,为什么(他们)不能明白崇尚贤士是执政的根本呢?如何知道崇尚贤士是执政的根本呢?墨子说:由尊贵且智慧的人执政于愚蠢又低贱的人,那就能得到治理,由愚蠢又低贱的人执政于尊贵且智慧的人,那就会混乱。因此知道了崇尚贤士是执政的根本。

所以在古时候圣明的君主非常尊重崇尚贤者并且让他担任要职发挥才能,不袒护父亲兄弟,不偏爱富贵的人,不宠爱美貌的女子。把贤能的人选举出来并推荐他,让他富贵,并让他做官长;没有才能的人压制或者废除他,让他贫穷,成为奴仆。因此百姓都为得到奖赏而勉励,为受到惩罚而畏惧,相继成为贤能的人。因此贤能的人变多,而没有才能的人变少,这就叫作举荐贤者。这样之后圣人倾听他们的言论,考查他们的行为,了解他们的能力后,谨慎地授予官职,这叫作使用贤者。因此让能治理国家的人,去治理国家;能做官吏之长的人,去做官吏之长;能够治理城镇的人,去治理城镇。所有派去治理国家、官府、城镇的人,都是贤者。

释义

《尚贤中》篇幅较《尚贤上》长,开篇就提出只有让“贵且智”的贤能之人去治理国家,管理“愚且贱”的民众,国家才能得到治理,社稷才能长治久安。所以“尚贤”是为政的根本。墨子虽然未能摆脱当时的流行观念,认为官为贵而民属贱,但是这里所说的贵者智者，是因其贤而为官者，愚者贱者是因其不贤而为民的人。

节选部分就“尚贤”展开两方面的论述，一为进贤，二为使能。墨子秉承的是“官无常贵，民无终贱。有能则举之，无能则下之”的用人思想。强调要不拘一格地选拔贤人，也要果断分明地惩罚不贤。对于贤者，还要注意考查，听其言观其行察其能，从而授予他最适合的、可以使他充分发挥自己才能的职位，小才不大用，以人尽其才为宜。

墨子唯贤是尚，量材任官，赏罚分明，将符合“贤”的标准的人士选拔上去，把那些世袭的无才无德的贵族替换下来，正是为了实现他建立贤人政治的愿望。

尚贤下（节选）

原文

曰：今也天下之士君子，皆欲富贵而恶贫贱。曰：然女[①]何为而得富贵而辟[②]贫贱？莫若[③]为贤。为贤之道将奈何？曰：有力者疾[④]以助人，有财者勉[⑤]以分人，有道者劝[⑥]以教人。若此，则饥者得食，寒者得衣，乱者得治。若饥则得食，寒则得衣，乱则得治，此安生生[⑦]。

今王公大人其所富，其所贵，皆王公大人骨肉之亲、无故[⑧]富贵、面目美好者也。今王公大人骨肉之亲、无故富贵、面目美好者，焉故[⑨]必知[⑩]哉。若不知，使治其国家，则其国家之乱可得而知也。

注解：① 女：通“汝”，你。② 辟：通“避”。③ 莫若：不如。④ 疾：急速。⑤ 勉：尽力，努力。⑥ 劝：勉力，尽力。⑦ 安生生：使众生安居。生生，指众生并立。⑧ 无故：无缘无故，没有道理。⑨ 焉故：何故。⑩ 知：通“智”。

今译

当今天下的仕人君子，都想要富贵而厌恶贫穷。试问：“那么你做什么才能获得富贵而避免贫穷呢？还不如成为贤能之士。成为贤能之士的办法又将是怎么样的呢？”墨子说：“有力量的人赶紧用来帮助别人，有财力的人尽力分给别人，有知识的人勉力去教育别人。像这样，那么饥饿的人就能得到食物，寒冷的人就能得到衣物，混乱的地方就能得到治理。如果饥饿了就能得到食物，寒冷了就能得到衣物，混乱了就能得到治理，这就使众生安居了。”

现在的王公大人，他们所使之富裕和尊贵的，都是王公大人们的骨肉亲戚、无缘无故富贵以及面貌美丽的人。现在这些王公大人们的骨肉亲戚、无缘无故富贵以及面貌美丽的人，怎能(断定他们)一定有智慧呢？如果没有智慧，(却)让他们治理国家，那么国家的混乱也就可想而知了。

释义

《尚贤下》文辞中错乱难通之处较前两篇多。节选部分因其首先表明了墨家的“为贤之道”，亦即墨家所谓“贤者”的道德标准而特别收录进来。“有力者疾以助人，有财者勉以分人，有道者劝以教人”——在这为贤之道的背后，透露着墨子“爱人利人”的最高指示。只有这样的兼爱之人，才能够拯救这个乱世，安抚离散的民心。所以，必须崇尚这样的贤者。

尚贤与尚亲，是两个完全不同、互不相容的任人原则。力主尚贤的墨子紧承其上，揭露并力辩尚亲原则的弊端。贵族血亲关系与知(智)——知识才能没有任何必然的联系，并且“此非可学能者也”。而“为政于国家”，所需要的则是真正的智慧才能、品德修养，因此为政尚亲便是毫无道理的了。这与儒家基于血缘关系的“亲亲”用人原则是相对立的，在当时是非常大胆的独创的观点。到如今墨子的尚贤论仍具有进步意义。

尚同上(节选)

原文

子墨子言曰：古者民始生未有刑政[①]之时，盖其语“人异义”。是以[②]一人则一义，二人则二义，十人则十义，其人兹众[③]，其所谓义者亦兹众。是以人是[④]其义，以非[⑤]人之义，故交相非也。是以内者父子兄弟作怨恶，离散不能相和合[⑥]。天下之百姓皆以水火毒药相亏害，至有余力不能以相劳[⑦]，腐朽[⑧]余财不以相分，隐匿良道不以相教，天下之乱，若禽兽然。

夫明虖[⑨]天下之所以乱者，生于无政长[⑩]。是故选天下之贤可者[⑪]，立以为天子。天子立，以其力为未足，又选择天下之贤可者，置立之以为三公[⑫]。天子三公既以[⑬]立，以天下为博大，远国异土之民、是非利害之辩，不可一二[14]而明知，故画[15]分万国，立诸侯国君。诸侯国君既已立，以其力为未足，又选择其国之贤可者，置立之以为正长[16]。

正长既已具，天子发政于天下之百姓，言曰："闻善而[17]不善，皆以告其上。上之所是必皆是之，所非必皆非之。上有过则规谏之，下有善则傍荐[18]之。上同而不下比[19]者，此上之所赏而下之所誉也。意若[20]闻善而不善，不以告其上。上之所是弗能是，上之所非弗能非。上有过弗规谏，下有善弗傍荐。下比不能上同者，此上之所罚而百姓所毁[21]也。"上以此为赏罚，甚明察以审信[22]。

注解：① 刑政：政治刑法。② 是以：因此。③ 兹众：更加多。兹，通"滋"，更加。④ 是：以……为对。⑤ 非：以……为错。下半句中的"非"，为"非难""责难"之义。⑥ 和合：和睦团结。⑦ 相劳：相互协作。⑧ 腐死：使……腐烂。⑨ 虖：同"乎"。⑩ 政长：行政长官。⑪ 贤可者：贤能而可以为政的人。⑫ 三公：中国古代朝廷中最尊显的三个官职的合称，一般指太师、太傅、太保。⑬ 以：通"已"。⑭ 一二：当为"一一"之误。⑮ 画：通"划"。⑯ 正长：即"政长"，长官。⑰ 而：与，和。⑱ 傍荐：查访推荐。傍，通"访"。荐，推荐。⑲ 比：包庇，勾结。⑳ 意若：假如。㉑ 毁：毁损，斥责。㉒ 审信：审慎可信。

今译

墨子说：古时人类诞生之初，还没有政治刑法的时候，人们的言论，每个人都各不相同。因此一个人会有一种意见，两个人就有两种意见，十个人就有十种意见，人越多，那么他们的意见也越多。因此每个人都认为自己的意见是正确的，认为别人的意见是错误的，所以会相互责难对方。因此对内来说父子兄弟之间产生怨恨，家人分离散开而不能和睦团结。(对外来说)天下的百姓都拿水火毒药相互伤害，以至于有余力的人，不能相互协作；就算使剩余的钱财都腐烂掉，也不用来相互分享；将明智的道理隐藏起来，也不用来相互教育。天下(变得)一片混乱，就像禽兽的世界一般。

(应该)明白天下之所以混乱，是因为没有行政长官。因此(人们)选拔天下贤能的可以成为长官的人，将他立为天子。天子确立后，因为他的能力还不足够，所以又要选拔天下贤能可用之人，把他们设立为三公。天子和三公都设立完毕之后，因为天下地域博大，(他们)对于远方异地的人民、是非利害的辨析，不能够一一明确知晓，所以(把天下)划分为许多小国，设立诸侯国的国君。诸侯国的国君设立完毕之后，因为他们的能力还没有足够，又选择他属地里贤能可用之人，设立他为长官。

长官设立完之后，天子就对天下所有的百姓下达政令，说道："听到好的和不好的，都要把它们告诉上级长官。上级认为对的，那一定都是对的；上级认为不对的，那一定是不对的。上级有过错就要规劝进谏，下面有善行就要查访推荐。听从上面的并且不包庇下面的(行为)，这(应该)是受到上级赞赏，下级称颂的。假如听到好的和不好的不把它们告诉上级，上级认为是对的，他不认为是对的，上级认为是错的，他不认为是错的；上级有过错而不去规劝进谏，下面有善行而不去查访推荐，包庇下属不协同上级的(行为)，这(应该)是受到上级惩罚，百姓斥责的。"上级长官应该把这个作为赏罚的原则，仔细观察从而审慎可信。

释义

《尚同》三篇主旨相同，而各有侧重。此篇说的是人们在是非善恶的评判上要有一个统一的标准，要统一于他的上级，这样才能避免纠纷，使天下得到治理。

本文开篇列举了上古之民因各自是其所是，非其所非而导致相争相篡相贼的乱象。所以必须遴选出“贤可者”逐层逐级担任长官统一思想管理众民。墨子希望自上而下设立一个宝塔尖似的社会结构：天—天子—三公—诸侯—卿之宰—乡长—家君—庶民。从底层庶民上至天子，下级服从上级；从上层天子下至庶民，保持思想一致，政令统一，以实现社会的和谐。

当然，下对上的绝对服从必须满足的一个前提条件是：上贤于下。人们都能和贤于自己的上级、天子同心同德，而不是在下面拉帮结伙，结党营私；人们都能同肯于纳谏改过的值得信赖的上级、天子保持一致，而不是阳奉阴违，欺上瞒下。这样，便能收“上之所赏而下之所誉”之效。反之则不然。可见，在墨子看来，要尚同，必须是以各级政权由贤人掌管为前提，以言路开放为先决条件。这与强权政治、以势压人、不分是非曲直的盲目服从上级与天子的意志是截然不同的。墨子的意图可谓良好！但是在当时，统治者对墨子关于“尚同”的设计，所可能接受的，只能是“统一于上”，至于墨子所反复论列的“统一于上”的条件和根据，统治者们便另有选择了。

尚同中（节选）

原文

故古者圣王唯而[1]审以尚同，以为正长，是故上下情请[2]为通。上有隐事遗利，下得而利之；下有蓄怨积害，上得而除之。是以数千万里之外有为善者，其室人未遍知，乡里未遍闻，天子得而赏之。数千万里之外有为不善者，其室人未遍知，乡里未遍闻，天子得而罚之。是以举[3]天下之人皆恐惧振动惕栗，不敢为淫暴，曰："天子之视听也神！"先王之言曰："非神也，夫唯能使人之耳目助己视听，使人之吻[4]助己言谈，使人之心助己思虑，使人之股肱[5]助己动作。"助己视听者众，则其所闻见者远矣；助之言谈者众，则其德音[6]之所抚循[7]者博矣；助之思虑者众，则其谈谋度[8]速得矣；助之动作者众，即其举[9]事速成矣。故古者圣人之所以济[10]事成功，垂名于后世者，无他故异物焉，曰：唯能以尚同为政者也。

注解：① 而：当为"能"。② 请：通"情"。③ 举：全。④ 吻：嘴唇，引申为口边。⑤ 股肱(gōng)：四肢。股，大腿。肱，胳膊。⑥ 德音：善言，也可指天子的诏令。⑦ 抚循：安抚存恤。⑧ 谋度（duó）：谋划衡量。前一个"谈"字疑衍。⑨ 举：做。⑩ 济：完成。

今译

所以古代圣明的君王只要能审慎地统一思想，设立各级行政长官，那么上下之情就能沟通了。上级有隐瞒的事或遗忘的利益，下级能够及时提醒给予利益；下级有积蓄的怨恨和祸害，上级能够及时铲除。因此在数千万里之外有行善之人，他的家人还未完全知道，乡里人也还未完全知道，天子就已经获悉并奖赏他了。在数千万里之外有行恶之人，他的家人还未完全知道，乡里人也还未完全知道，天子就已经获悉并惩罚他了。因此全天下的人都害怕震动、警惕颤栗，不敢再做淫乱残暴之事，说道："天子的视力与听力，可真是神奇啊！"天子说："并不神奇！只是能用别人的耳朵和眼睛来帮助自己去听和看，用别人的口舌来帮助自己去表达，用别人的心来帮助自己思考，用别人的四肢来帮助自己动作（罢了）。"帮助自己去看去听的人多了，那么他能看到的听到的就远；帮助自己去表达的人多了，那么天子的诏令能够安抚存恤的人就更多；帮助自己思考的人多了，那么谋划衡量的（计策）就能更快实行；帮助自己动作的人多了，那么他做的事就能很快成功。所以古时候的圣人能够把事情成功完成，留名于后世，并没有其他什么特别的原因，说道："只是能够将统一思想作为从政的基本政策（罢了）。"

释义

《尚同中》节选部分主要强调上下情通、政令畅达的重要性。黎民百姓和下级官员，见到利人利家利国的好人好事和害人害家害国的坏人坏事必须逐级上报。见善而上报者有赏，隐恶而不报者受罚，是以赏罚分明，善恶必报，国家必治。在墨子的议论中，我们看到他关于"信息"社会的理想。而传达这些信息的媒介就是所有贤而为官者。他们好比圣王的耳目，能让圣王"不就而听""不往而视"，且一听而通闻，一视而通见。他们也好比圣王的口舌股肱和心思，将圣王所言所行所想传达至千万里之外。是以上下一心，天子行王道，长官施善政，民众"安生生"，政通人和，从而天下大治。

墨子的尚同，从横的方面讲是建立中心信仰，共同趋赴，以免分歧；从纵的方面讲是主张上下情通，免除隔阂，反对勾结。由此可知，"尚同"并非独断专制，而是含有民主集中的意味。墨子"尚同"之说的提出针对的是当时四分五裂、纷争不断的社会乱象，他渴望以自上而下统一管理为纽带，建立起有序和谐的社会秩序。

尚同下(节选)

原文

故古之圣王治天下也,其所差论[①]以自左右羽翼者皆良,外为之人助之视听者众。故与人谋事,先人得之;与人举事,先人成之;光誉令闻[②],先人发之。唯信身而从事,故利若此。古者有语焉,曰:“一目之视也,不若二目之视也。一耳之听也,不若二耳之听也。一手之操[③]也,不若二手之强也。”夫唯能信身而从事,故利若此。是故古之圣王之治天下也,千里之外有贤人焉,其乡里之人皆未之均[④]闻见也,圣王得而赏之。千里之内[⑤]有暴人焉,其乡里未之均闻见也,圣王得而罚之。故唯毋以圣王为聪耳明目与[⑥]?岂能一视而通见千里之外哉,一听而通闻千里之外哉。圣王不往而视也,不就[⑦]而听也。然而使天下之为寇乱盗贼者,周流天下无所重足[⑧]者,何也?其以尚同为政善也。

是故子墨子曰:凡使民尚同者,爱民不疾[⑨],民无可使,曰必疾爱而使之,致信而持之[⑩],富贵以道[⑪]其前,明罚以率[⑫]其后。为政若此,唯欲毋与我同,将不可得也。

注解:① 差(chāi)论(lún):选择。② 光誉令闻:荣誉和美好的名声。光,通“广”。令,善,美好。③ 操:拿。④ 均:

都，全部。⑤ 内：据上文当为“外”。⑥ 与：通“欤”，表疑问语气。⑦ 就：接近，靠近。⑧ 重足：叠足站立。⑨ 疾：急迫。⑩ 致信而持之：致，传达，表达。持，掌握，控制。⑪ 道：通“导”，引导。⑫ 率：督率，督促。

今译

所以古时候圣明的君王治理天下，他选择在自己身边辅佐的人都是贤良之人，在外做事的人，帮助他去看去听的人很多。因此和别人商量事情，先于别人而获悉情况；和别人一起做事，先于别人而成功；荣誉和美名，先于别人而传扬。只有以诚信立身而后做事，才能得到像这样的利益。古时候有这样的话，说道：“一个眼睛看到的比不过两个眼睛看到的，一个耳朵听到的比不过两个耳朵听到的，一只手拿到的比不过两只手拿到的多。”只有以诚信立身而后做事，才能得到像这样的利益。因此古时候圣明的君王治理天下，（若）千里之外的地方有贤良的人，他乡里人都还没有全部听说了解，圣明的君王（已经）知道并且奖赏他。（若）在千里之外的地方有残暴的人，他乡里人还没有全部听说了解，圣明的君王（已经）知道并且惩罚他。这难道不是因为圣王能看得远听得远吗？难道（圣王）一眼就能看到千里之外吗？一听就能听到千里之外吗？圣明的君王不亲自前往就能看到，不接近就能听到，而且可以使天下做寇盗流贼的人走遍天下都没有立足的地方，这是为什么呢？这是因为把尚同作为国家政策的好处。

因此墨子说：“凡是想让人们统一于上的，（如果）爱民之心并不急迫，那么百姓就无法驱使。也就是说：一定要迫切爱民，诚信予民，用富贵在前引导，以明确的惩罚在后督促。像这样去执政，即使不想让民众与我一致，也将是不可能的。”

释义

《尚同下》节选部分塑造了兼王的形象。"兼收并蓄""兼容并包""兼听则明"等都有顾及各个方面的意思，所以墨子特意把能够听取各方意见的王称为"兼王"。成为兼王，则如同长了"千里眼"和"顺风耳"一样，运筹于帷幄之中，决胜于千里之外，一切尽可掌握。当然，能够担此美名获此利好的还有一个更为重要的条件——爱民。爱民在政治上的具体表现就是尚贤使能，惩恶扬善。遍阅《尚贤》《尚同》诸篇，我们会发现墨子引述最多的要算上古圣王尧、舜、禹、汤不拘一格，礼贤下士，力举贤良而成就"尚同"大业的事例了。

"尚同"之说，归根结底是用于对民众的治理。墨子称此为"治民一众之道"。如何实施"治民一众之道"？墨子认为当以"疾爱为先"，然后民可使。如果对民众爱得不紧爱得不深，民众就不会甘心受使。换句话说，爱民是为了使民，而使民不可忘记爱民。从这一层面讲，墨子的"尚同"自"爱民"始，归结为治民、使民，其所追求的是"治天下之国若治一家，使天下之民若使一夫"的尚同一众的理想境界。

第三单元

节用·节葬

节用、节葬属于墨子经济思想的范畴。《墨子》一书中论述经济问题的部分，相对说来较为单薄，从篇目上看，主要集中在《节用上》《节用中》和《节葬下》三篇文字中。

节用，是要求天子节约民用，提倡俭朴，反对奢侈。节葬，就是主张丧葬节俭，反对厚葬久丧。此二者，矛头直指儒家讲究的繁文缛礼，意欲使君长的生活下比于平民。

墨子的节用主张，以“不加民利不为”为原则，以“去其无用之费”为途径，以“加用而为”为方法，其背后仍是民本思想的支撑。

节葬实为节用之一端。“衣食者，人之生利也，然且犹尚有节；葬埋者，人之死利也，夫何独无节于此乎?”(《节葬下》)可见，墨子的节葬以“不失死生之利”为原则，以“节用”为指导思想，最终仍回归到“利民”的原点。

节用上(节选)

节用中

辞过(节选)

节用上（节选）

原文

圣人为政一国，一国可倍[①]也；大之[②]为政天下，天下可倍也。其倍之，非外取地也，因[③]其国家去[④]其无用之费，足以倍之。圣王为政，其发令兴[⑤]事、使民用财也，无不加[⑥]用而为者。是故用财不费，民德[⑦]不劳，其兴利多矣。

注解：① 倍：指财富增加一倍。② 之：到。③ 因：根据。④ 去：去除。⑤ 兴：兴办。下一句中的“兴”为“兴起”之意。⑥ 加：增益。⑦ 德：通“得”，能够。

今译

圣人在一国从政，一国的财富可以增长一倍；大到从政于天下，天下的财富可以增长一倍。这种财富的加倍，并不是向外掠夺土地，（而是）根据国家情况除去不必要的费用，（就）足以加倍。圣王从政，他发布命令、举办事业、驱使民力、使用财物，没有不是有益于实用才去做的。所以使用财物不浪费，民众能够不劳苦，他兴起的利益就多了。

释义

本段文字为《节用上》的开篇。首段入题别具慧心，以“圣人治国”则“一国可倍”来触动人心，更确切地说是触动“君”心。紧接着表明“倍”的途径就是“节”。所谓节，就是“去其无用之费”。何谓“无用”？就是不合实际需求，不实用。也就是说，在墨子看来，一个国家财力的成倍增长，不是靠掠夺他人土地得来的，而应靠立足国内，省去无效的花费，用度适“实”而止得来。只要不伤财，不劳民，不办无用之事，国家财富就会增多。

墨子提出节用倍财，目的是想限制统治者的过分奢侈，以便维护劳动者简单再生产的正常进行。当时的统治者生活奢腐，礼俗繁缛，不仅滥用民力，妨害生产，而且挥霍大量财富，使下层劳动人民衣食无着。《节用上》批评说：“其使民劳，其籍敛厚，民财不足，冻饿死者不可胜数也。”一向为平民尤其是贫弱者代言的墨子从一切有利于民生出发，要求统治者节约用度，做到“用财不费，民德不劳”，保证下层劳动人民的基本生活条件。而且为了在当政者中推行其节用学说，墨家率先从自我做起，布衣草鞋，过着“自苦为极”的简朴生活。当然，即便如此，也无法得到统治者真正的认同，将国家财富由“己用”转移至“民用”，由“滥用”变为“限用”，怎么会讨得他们的欢心呢？

节用中

原文

子墨子言曰：古者明王圣人所以王[①]天下、正诸侯[②]者，彼其爱民谨[③]忠，利民谨厚，忠信相连，又示之以利[④]，是以终身不餍[⑤]，殁世而不卷[⑥]。古者明王圣人，其所以王天下、正诸侯者，此也。

是故古者圣王制为节用之法，曰：“凡天下群百工，轮车鞼匏[7]，陶冶梓匠[8]，使各从事其所能。”曰：“凡足以奉给[9]民用，则止。”诸加费不加于民利者，圣王弗为。

古者圣王制为饮食之法，曰：“足以充虚继[10]气，强股肱[11]，耳目聪明，则止。”不极五味之调[12]、芬香之和，不致远国珍怪异物[13]。何以知其然？古者尧治天下，南抚交阯[14]，北降幽都[15]，东西至日所出入[16]，莫不宾服[17]。逮至其厚爱[18]，黍稷[19]不二，羹胾[20]不重，饭于土塯[21]，啜于土形[22]，斗以酌[23]。俯仰周旋[24]威仪[25]之礼，圣王弗为。

古者圣王制为衣服之法，曰：“冬服绀緅[26]之衣，轻且暖；夏服絺绤[27]之衣，轻且清，则止。”诸加费不加于民利者，圣王弗为。

注解：① 王（wàng）：统治。② 正诸侯：作诸侯之长。正，长。③ 谨：谨慎，引申为尽心尽力。④ 示之以利：让百姓看到利益所在。示，给……看。⑤ 餍（yàn）：满足，终止。⑥ 殁（mò）世而不卷：（对国君）至死都不厌倦。殁世，即“没世”，指终身。卷，通“倦”，厌倦。⑦ 轮车鞼（guì）匏（páo）：轮车指轮车木工。鞼匏指皮革工匠。⑧ 陶冶梓（zǐ）匠：陶，制陶工人。冶，冶炼金属的工匠。梓匠，木工。⑨ 奉给（jǐ）：供给。⑩ 继：补充。⑪ 股肱（gōng）：四肢。股，大腿。肱，胳膊。⑫ 极五味之调：极，极力追求。调，调和。⑬ 珍怪异物：珍奇异品。⑭ 交阯：也作“交趾”，古地区名，即今越南。⑮ 北降幽都：降，降服，一说为接续。幽都，即幽州，据《周礼·职方》载，“东北曰幽州”，其范围大致包括今河北北部及

辽宁一带。⑯ 日所出入：指太阳升起和落下的地方。⑰ 宾服：服从归顺。⑱ 厚爱：最喜爱的。一说指其身所受。⑲ 黍(shǔ)稷(jì)：黍，黄米做的饭。稷，稻谷。⑳ 羹胾(zì)：肉羹和大块肉。㉑ 土塯(liù)：古代盛饭的瓦器。㉒ 啜(chuò)于土形：用瓦器盛水喝。啜，饮。形，即型，是一种炊具。土形就是用土烧制而成的瓦器。㉓ 斗以酌：用木勺舀酒喝。斗，木勺。酌，舀取。㉔ 俯仰周旋：俯仰，指低头行礼和抬头受礼。周旋，指古代行礼时进退揖让的动作。㉕ 威仪：指古代典礼中的容貌举止和仪式。㉖ 绀(gàn)緅(zōu)：深青带红的颜色。緅，红青色。㉗ 絺(chī)绤(xì)：细葛布和粗葛布。

今译

墨子说："古代圣明的君王之所以能统治天下、作诸侯之长，是因为他们尽心尽力地爱护百姓，丰厚地为百姓谋利，对百姓忠实与信任相结合，又把利益指示给百姓。因此百姓对君王终身都不厌弃，至死都不厌倦。古代圣明的君王之所以能统治天下、作诸侯之长，正是由于这个原因。"

因此古代圣明的君王制定了节约用度的法则，说："凡是天下的工匠，如轮车木工、皮革工匠、制陶工人、铸金属的、当木匠的等等，都让他们各自从事自己所擅长的行业。"说："只要足以供给民用就行了。"各种增加费用又不为百姓增加利益的事情，圣王是不会做的。

古代圣明的君王制定有关饮食的法则，说："吃的东西能补充体力、强健身体，让耳聪目明就够了。"不需要极力追求五味的调和、香味的融合，不追求遥远国家的珍奇异品。凭什么知道是这样的呢？古代尧帝治理天下，向南收服了交阯，向北降服了幽都，向东和向西都扩张到了太阳升起和落下的地方，这些地方的人没有不归服的。就算是他最喜爱的（食物），黍和稷只吃其中一种，肉汤和肉块只选其中一种，用瓦器盛饭盛水，用木勺舀酒。那些行礼受礼进退揖让的繁复礼节，圣明的君王是不做的。

古代圣明的君王制定衣着的法则，说："冬天穿深青色带红色的衣服，既轻便又暖和；夏天穿细葛或粗葛布的衣服，既轻盈又凉爽，这就够了。"各种增加费用又不为百姓增加利益的事情，圣明的君王是不做的。

原文

古者圣人为[28]猛禽狡[29]兽暴人害民[30]，于是教民以兵[31]行，日带剑，为刺则入，击则断，旁[32]击而不折，此剑之利[33]也。甲为衣则轻且利，动则兵且从，此甲之利也。车为服重[34]致远，乘之则安，引[35]之则利，安以不伤人，利以速至，此车之利也。古者圣王为大川广谷之不可济[36]，于是利[37]为舟楫，足以将[38]之则止。虽[39]上者三公诸侯至，舟楫不易，津人[40]不饰，此舟之利也。

古者圣王制为节葬之法，曰："衣三领[41]，足以朽[42]肉，棺三寸[43]，足以朽骸[44]，堀穴[45]深不通于泉，流[46]不发泄[47]，则止。死者既葬，生者毋久丧用哀。"

古者人之始生未有宫室之时，因[48]陵丘堀穴而处焉。圣王虑之，以为堀穴，曰："冬可以辟风寒。"逮夏，下润湿，上熏蒸[49]，恐伤民之气，于是作为宫室而利。然则为宫室之法将奈何哉？子墨子言曰：其旁可以圉[50]风寒，上可以圉雪霜雨露，其中蠲[51]洁，可以祭祀，宫墙足以为男女之别[52]，则止。诸加费不加民利者，圣王弗为。

注解：㉘ 为：因为。㉙ 狡：健。㉚ 暴人害民：残害人民。暴是动词。㉛ 兵：兵器。㉜ 旁：别的。㉝ 利：益处，好处。㉞ 服重：载重。㉟ 引：牵引，拉。㊱ 济：渡。㊲ 利：当为“制”。㊳ 将：行。㊴ 虽：即使。㊵ 津人：摆渡人。㊶ 领：衣领，这里引申为衣服的件数。㊷ 朽：烂。㊸ 棺三寸：指棺木厚三寸。㊹ 骸（hái）：尸骨。㊺ 堀穴：同“窟穴”，此指埋棺材的坑穴。㊻ 流：疑作“气”，即臭气。㊼ 发泄：流出，散发。㊽ 因：依，靠。㊾ 熏（xūn）烝（zhēng）：指气、味升腾或散发。熏，暖，热。烝，指热气盛。㊿ 圉（yǔ）：防御。51 蠲（juān）：通“涓”，清洁，干净。52 别：区别。

今译

古代圣明的君王由于看到凶禽猛兽残害人民，于是教导百姓使用兵器。每天带着剑，用剑刺则能刺入，用剑砍则能砍断，（即使）砍到别的东西也折不断，这就是剑的好处。穿着铠甲，轻巧而又便利，行动时兵器随身自如，这是铠甲的好处。车可以装载着重物到达远方，乘坐在上面很安稳，牵引它也便利，安稳则不会被伤害，便利则迅速到达，这是车子的好处。古代圣王因为大河宽谷不能渡过，于是制造了船桨，足以渡河就够了。即使有权有势的人如三公、诸侯上船，船桨也不刻意更换，摆渡人也不刻意装饰，这是船的好处。

古代圣明的君王制定丧葬的法则，说：“三件衣服，就足以使死者肉身腐烂在里面；厚三寸的棺木，就足以使死者尸骨腐烂在里面；掘墓穴，深度不与泉水相通，臭气不散发出来，就够了。”死者既然已下葬，生者就不要长久地服丧哀悼。

古代人类产生之初还没有居室的时候，就依着山丘挖洞穴来居住。圣王感到忧虑，认为挖的洞穴冬天是可以避风寒，但一到夏天，下面潮湿，上面热气蒸腾，恐怕会伤害百姓的气血，于是建造房屋来利于百姓(安居)。既然如此,那么建造居室的法则应该是怎样的呢?墨子说道:“房屋四边可以抵御风寒,房顶可以抵御雪霜雨露,屋里干净清洁,可以用来作祭祀之处,房屋的墙壁足以分隔男女,就够了。”其他各种只增加费用又不为百姓增加利益的事情,圣明的君王是不做的。

释义

《节用中》把上篇提出的原则进一步具体化,假托古者圣王之制,确立了一个普遍的消费标准:

一、供给民用充足;二、在饮食上能充饥补气、强健体魄;三、穿着上须冬暖夏凉,肌肤舒适;四、武器轻便锋利;五、舟车要安全便捷;六、人死后应薄葬短丧;七、在住房上满足挡风遮雨、男女有别的需要。凡是超过实用标准的消费,圣王一律弗为;凡是以节用治国的圣王,民众将终身追随。

墨子制定的“节用之法”涉及衣、食、住、行、用诸方面的消费,基本上涵盖了日常生活的各方面。墨子站在普通百姓的立场上,确立的节用原则有两个:首先是“民用”,即普通百姓必需的生活需要,而不是王公贵族的生活需要;其次是“足以”,即对老百姓的生活需要一定要真正满足。墨子把是否有利于人民作为衡量王室和国家开支是节俭还是浪费的标准。要求一切开支都应对百姓的生活有好处,国家增加了开支而不能给人民增加利益的事情,绝对不提倡。

墨子的消费经济思想,反映了战乱时代广大人民企盼衣食无亏、安居乐业的强烈愿望。

辞过(节选)

原文

古之民未知为饮食时，素食[①]而分处，故圣人作，诲[②]男耕稼树艺，以为民食。其为食也，足以增气充虚、强体适腹而已矣。故其用财节，其自养俭，民富国治。今则不然，厚作敛于百姓，以为美食刍豢[③]，蒸炙鱼鳖，大国累百器[④]，小国累十器，前方丈，目不能遍视，手不能遍操[⑤]，口不能遍味，冬则冻冰，夏则饰饐[⑥]。人君为饮食如此，故左右象[⑦]之，是以富贵者奢侈，孤寡者冻馁[⑧]，虽欲无乱，不可得也。君实欲天下治而恶其乱，当为食饮不可不节。

古之民未知为舟车时，重任[⑨]不移，远道不至，故圣王作为舟车，以便民之事。其为舟车也，全[⑩]固轻利，可以任重致远，其为用财少，而为利多，是以民乐而利之。法令不急而行，民不劳而上足用，故民归[⑪]之。当今之主，其为舟车与此异矣。全固轻利皆已具，必厚作敛于百姓，以饰舟车。饰车以文采，饰舟以刻镂。女子废其纺织而修文采[⑫]，故民寒；男子离其耕稼而修刻镂，故民饥。人君为舟车若此，故左右象之，是以其民饥寒并至，故为奸邪[⑬]。奸邪多则刑罚深[⑭]，刑罚深则国乱。君实欲天下之治而恶其乱，当为舟车不可不节。

凡回[15]于天地之间，包于四海之内，天壤之情，阴阳之和[16]，莫不有也，虽至圣不能更也。何以知其然？圣人有传：天地也，则曰上下；四时也，则曰阴阳；人情也，则曰男女；禽兽也，则曰牡牝雄雌[17]也。真天壤之情，虽有先王不能更也。虽上世至圣，必蓄私[18]不以伤行，故民无怨。宫无拘女[19]，故天下无寡夫[20]。内无拘女，外无寡夫，故天下之民众。当今之君，其蓄私也，大国拘女累千，小国累百，是以天下之男多寡无妻，女多拘无夫，男女失时，故民少。君实欲民之众而恶其寡，当蓄私不可不节。

注解：① 素食：食草木。一说为“索食”，即寻找食物。② 诲：教导。③ 刍豢(chú huàn)：牛羊犬豕之类的家畜。泛指肉类食品。④ 累百器：累，积累。器，盛食物的器皿。⑤ 操：拿着，握在手里。⑥ 饰饐(yì)：应为“餲(ài)饐”，指食物变味。⑦ 象：仿效。⑧ 馁(něi)：饥饿。⑨ 重任：指重的东西。⑩ 全：完整。⑪ 归：依附，归顺。⑫ 修文采：从事刺绣，这里指描绘舟上文彩。⑬ 奸邪：邪恶。⑭ 深：深重。⑮ 回：旋转，轮回。⑯ 阴阳之和：阴阳，古代哲学中概括事物两个对立面的范畴。和，调和。⑰ 牡牝(pìn)雄雌：禽兽的阳性称“牡”，阴性称“牝”。鸟类的阳性称“雄”，阴性称“雌”。⑱ 蓄私：蓄养妾妇。⑲ 拘女：指被留在宫中的女子。⑳ 寡夫：指没有妻子的男子。

今译

古代的百姓(还)不知道制作饮食时，常吃草木而且分散居住，所以圣人出来，教导男子种植庄稼栽种园艺，来作为百姓的食物。他们所做的食物，已足以增加体力补充元气、强健身体填饱肚子了。所以他们费用节省，生活节俭，(因而)民众富足，国家安定。现在却不是这样，(国家)向老百姓征收很重的赋税，用来享受肉类美食，蒸烤鱼鳖，大国之君盛食物的器皿累计上百，小国之君也累计数十件，摆在面前一丈见方，(食物多到)眼睛不能全看完，手不能都拿到，嘴也不能全尝到，(这些美食)冬天结冻，夏天腐烂。国君品尝饮食这样(大肆排场)，所以左右大臣都效法他。因此富贵的人奢侈，孤苦贫穷的人受冻挨饿。即使不希望国家混乱，也是不可能的。国君真的希望天下大治而厌恶其混乱的话，在饮食方面就不可不节制。

古代的百姓(还)不知道利用车船时，重的东西无法搬动，远的地方无法到达，所以圣王开始制造车船，来方便百姓行事。(他们制造的车船)完整坚固轻巧便利，可以背负重物、达到远方，花费的财物少，获得的利益多，所以百姓乐于使用并感到便利。法令不用催促而运行有序，百姓不用劳苦而国君足够享用，所以百姓都归顺他。当今的国君，他制造车船则与此不同。(车船)完整坚固轻巧便利都已经具备了，他们还要向百姓征收很重的赋税，用以装饰车船。用七彩的花纹和雕刻的纹饰来装饰车船。女子荒废了她们的纺织技术而去从事刺绣，所以百姓受寒；男子脱离他们的耕稼劳作而去从事雕刻，所以百姓挨饿。国君这样制造车船，所以左右大臣都仿效他，因此百姓饥寒交迫，不得已而做邪恶之事。邪恶之事一多，刑罚必然深重，刑罚一深重，国家就乱了。国君真的希望天下大治而厌恶混乱的话，在制造车船方面就不可不节制。

所有处在天地之间，包容在四海之内的，如天地的情理，阴阳的调和，没有一样不是自然就有的，即使是最圣明的人也不能改变。凭什么知道是这样的呢？圣人记载：天地，指的是上下；四季，指的是阴阳；人类分为男女，禽兽分为牝牡雌雄。这是真正的天地间的人情事理，即使最圣明的先王也不能改变。即使上代至圣，也都蓄养姬妾，但不因此而伤害品行，所以百姓没有怨恨；宫中没有被拘禁的女子，所以天下没有鳏夫。宫中没有被拘禁的女子，宫外没有鳏夫，所以天下人口众多。当今国君蓄养姬妾，大国宫中被拘禁的女子数千，小国数百，所以天下男子大多单身没有妻子，女子多遭拘禁而没有丈夫。男女错过婚嫁的时机，所以人口减少。国君真的希望人口增多而厌恶减少的话，在蓄养姬妾方面就不可不节制。

释义

“辞过”的意思是杜绝过度消费的现象。这当然也是墨子节用思想的体现，因而我们可以把此篇看作是《节用》篇的补充。全篇内容从修建宫室、缝制衣服、烹调饮食、制造车船、蓄养姬妾五方面说明必须节制有度。文章反复将古之圣王的节用与今之君王的奢靡作对比，强烈谴责了今之君王穷奢极欲导致民不聊生的行径。墨子甚至把淫佚（奢侈放纵）者称为“小人”，并直言不讳地作出“淫佚则亡”的论断。

节选部分涉及的是“食”“行”“性”三方面内容。在墨子看来，食物能饱腹健体，车船能载重远行，阴阳能调和适时，则天地和谐，万物兴旺。反之，如果君王在饮食上追求山珍海味，车船上追求华丽排场，姬妾蓄养上毫无节制，那么远近之臣就会争相仿效，这样必然加重百姓的负担，使百姓的生活更加窘迫，从而引起不满和反抗，奸邪之事也就不得已而为之，最终国家混乱，民生凋敝，如同今之君王的管理现状。可见，墨子的节用是完全站在百姓的立场上，从保护百姓利益出发的。

如果说道家的尚俭主要是出于对一种原始质朴生活的向往，儒家的尚俭仍有一个不能违“礼”的原则，那么墨家尚俭的矛头是直接指向当权者，心头是始终放着平民百姓的。难怪有学者说，墨子是中国古代史上最早系统提出反对统治者奢侈性消费的思想家。

第四单元

非乐·非命

墨子对音乐是持反对态度的，这一主张也有与儒家针锋相对的意味，因为儒家最讲究礼乐。“儒之道足以丧天下者四政焉”，其中一政为“弦歌鼓舞，习为声乐”（《公孟》）。所以墨子作《非乐》《三辩》等篇，首先反对统治者的纵情音乐，同时，也反对纵情于美色、甘味、安居等享乐。可见，“非乐”也是从“节用”演绎出来的。

墨子虽持有神论，但却旗帜鲜明地批驳了命定论，反对“生死有命，富贵在天”的天命观。墨子强调“力行”——国家的兴亡，个人的安危，以至富贵贫贱，主要在于人的主观努力，而且完全可以通过“强”“力”来加以变更。可见，“非命”有一种“明知不可为而为之”的精神，尤其坚执着“农与工肆之人”对“命”的抗争，这是“非命”说最可贵的地方。

非乐上（节选）

三辩

非命上（节选）

非命下（节选）

非儒下（节选）

非乐上（节选）

原文

子墨子言曰：仁之事者[1]，必务求兴天下之利，除天下之害，将以为法乎天下[2]。利人乎，即为；不利人乎，即止。且夫仁者之为天下度[3]也，非为其目之所美，耳之所乐，口之所甘，身体之所安，以此亏夺[4]民衣食之财，仁者弗为也。

是故子墨子之所以非[5]乐者，非以大钟鸣鼓、琴瑟竽笙之声以为不乐也，非以刻镂华文章[6]之色以为不美也，非以犓豢[7]煎炙之味以为不甘也，非以高台厚榭邃野[8]之居以为不安也。虽身知其安也，口知其甘也，目知其美也，耳知其乐也，然上考之不中[9]圣王之事，下度之不中万民之利，是故子墨子曰：为乐非也。

今王公大人虽无[10]造为乐器，以为事乎国家，非直掊潦水[11]、折壤坦[12]而为之也，将必厚措敛[13]乎万民，以为大钟鸣鼓、琴瑟竽笙之声。古者圣王亦尝厚措敛乎万民，以为舟车，既以成矣，曰："吾将恶许[14]用之？"曰："舟用之水，车用之陆，君子息其足焉，小人休其肩背焉。"故万民出财赍[15]而予之，不敢以为戚恨[16]者，何也？以其反[17]中民之利也。然则乐器反中民之利亦若此，即我弗敢非也。然则当用乐器譬之若圣王之为舟车也，即我弗敢非也。

民有三患：饥者不得食，寒者不得衣，劳者不得息，三者民之巨患也。然即[18]当[19]为之撞巨钟、击鸣鼓、弹琴瑟、吹竽笙而扬干戚[20]，民衣食之财将安可得乎？即我以为未必然也。意[21]舍此。今有大国即攻小国，有大家即伐[22]小家，强劫弱，众暴寡，诈欺愚，贵傲贱，寇乱盗贼并兴，不可禁止也。然即当为之撞巨钟、击鸣鼓、弹琴瑟、吹竽笙而扬干戚，天下之乱也，将安可得而治与[23]？即我未必然也。是故子墨子曰：姑尝厚措敛乎万民，以为大钟鸣鼓、琴瑟竽笙之声，以求兴天下之利，除天下之害，而无补[24]也。是故子墨子曰：为乐非也。

注解：① 仁之事者：即为"仁者之事"。② 法乎天下：法，作为法则。乎，于。③ 度：考虑。④ 亏夺：损害掠夺。⑤ 非：否定。⑥ 华文章："华"字疑衍。文章，错综华美的色彩或花纹。⑦ 犓豢(chú huàn)：饲养牲畜，这里指牛羊猪肉。⑧ 野：通"宇"，屋。邃宇，幽深的房屋。⑨ 中：合乎。⑩ 无：语气词，无义。⑪ 直掊(póu)潦水：只是捧取积水。直，仅，只是。掊，以手捧物。潦水，积水。⑫ 折壤坦：折取土墙。折，通"摘"，揭取。壤坦，坛土。一说为"拆坏垣"。⑬ 措敛：同"籍敛"，即税收。⑭ 恶(wū)许：何所，哪里。⑮ 赍(jī)：送物给人。⑯ 戚恨：忧愁，仇恨。⑰ 反：反而。⑱ 然即：然则。⑲ 当：通"尝"，试。⑳ 扬干戚：舞动盾牌和斧头。扬，举。干，盾。戚，斧钺，古代一种兵器。㉑ 意：通"抑"。"抑舍此"者，且不谈这一点。㉒ 伐：攻打。㉓ 与：通"欤"，"……吗？"的意思。㉔ 补：补益。

今译

墨子说:“仁义之人做事,必定致力于谋求振兴天下之利,除去天下之害,并把这个作为天下的法则,利于人民的就做,不利于人民的就停止。而且仁义之人是为天下考虑的,并不是为了他自己的眼睛能见到美丽的东西,耳朵能听到快乐的声音,嘴巴能尝到美味的食物,身体能享受安适的居所。因此来损害掠夺百姓衣食的费用,仁义之人不会这么做。”

因此,墨子之所以反对音乐,并不是因为他认为大钟、响鼓、琴、瑟、竽、笙的声音不动听,并不是因为他认为雕刻出的错综华美的色彩花纹不美丽,不是因为他认为牛羊猪肉烧制出的味道不鲜美,不是因为他认为(有)高台、厚榭、深屋的居室不安逸。虽然身体知道它是安逸的,嘴巴知道它是鲜美的,眼睛知道它是美丽的,耳朵知道它是动听的,然而考察过去,这样做不符合圣王的行事原则;向下衡量,这样做也不符合广大民众的利益。所以墨子说:“从事音乐活动是错误的!”

现在的王公大人制造乐器,把它当作国家大事,不是像用手扒土放掉积水、拆取土墙(那样容易地)做,而必定是向广大民众征收苛捐杂税,用来制作大钟、响鼓、琴、瑟、竽、笙等乐器。古时的圣王也曾向广大民众征收重税,用来制造车和船。制成之后,说:“我将在哪里使用它们呢?”回答说:“船在水中使用,车在地上使用,君子可以使他的双脚休息,百姓可以使他的肩和背休息。”所以广大民众都缴纳钱财来给他,并不因此而怨恨。为什么呢? 因为车船反而符合民众的利益。既然这样,那么乐器(如果)也这样反而符合民众的利益,我就不敢反对它了。(如果)使用乐器,像圣王使用车船那样,我也就不敢反对它了。

民众有三种担忧:饥饿的人得不到食物,寒冷的人得不到衣服,劳动的人得不到休息。这三者是百姓最大的担忧。然而试着为他们撞击巨钟,敲打大鼓,弹琴瑟,吹竽笙,舞动盾牌和斧头，民众的衣食财物怎么可以得到保障呢？我认为这样未必（是可以得到保障的）。暂且不谈这一点。现在有大国攻击小国，大家族攻伐小家族，强壮的掠夺弱小的，人多的残害人少的，奸诈的欺骗愚笨的，高贵的鄙视低贱的，外寇内乱盗贼土匪共同兴起，不能禁止。如果为他们撞击巨钟，敲打大鼓，弹琴瑟，吹竽笙，舞动盾牌和斧头，天下的纷乱怎么可以得到治理呢？我认为这样未必（是可以得到治理的）。因此墨子说："如果向广大民众征收苛捐杂税，用来制作大钟、鸣鼓、琴、瑟、竽、笙等乐器，以谋求振兴天下之利，去除天下之害，（这）是没有什么益处的。"所以墨子说："从事音乐活动是错误的！"

释义

《非乐》原有上、中、下三篇，现仅存上篇。墨子反对从事音乐活动，但并不否定音乐所具有的美感作用。"大钟鸣鼓、琴瑟竽笙之声"，都能给人愉悦的享受，正像吃美味佳肴使人感到甘美一样；他之所以"非乐"，是认为进行音乐演奏与欣赏活动，必将"亏夺民衣食之财"。制造乐器时"必厚措敛乎万民"，加重百姓负担；演奏音乐时，必占用强壮劳动力，扰乱百姓正常生产；欣赏音乐时，必与人同听，影响到君子的听治和百姓的从事。"兴天下之利，除天下之害""利人乎，即为；不利人乎，即止"是墨子考虑一切问题的大前提，也是他的总原则和出发点。这样从事音乐活动，对人民有害而无利，墨子当然会持反对意见。

墨子还从百姓的"三患"出发，提出他非乐的第二个理由。所谓"三患"，即"饥者不得食，寒者不得衣，劳者不得息"。这"三患"都是百姓的切肤之痛，如果不解决这燃眉之急，百姓连生存都无法保障。王公贵族们又有什么闲情逸致"为乐"呢？更何况一旦"为乐"，必兴师动众，劳民伤财，这对百姓而言岂不是雪上加霜吗？墨子的“非乐论”是在生产力极不发达的特定历史条件下提出的，而且矛头指向王公大人，有特定的针对性。在生存和温饱都得不到保障的时代，墨子反对王公大人从事音乐活动，可谓针砭时弊。当然，墨子的“非乐论”有其局限性，他把物质生产与精神活动对立起来，只看到音乐妨碍生产、劳民伤财的一面，没看到音乐的教化与调和人心的价值。因而在墨子的“十论”中“非乐论”遭受的质疑声最多。

三　辩

原文

程繁①问于子墨子曰：“夫子曰：‘圣王不为乐。’昔诸侯倦于听治②，息于钟鼓之乐；士大夫③倦于听治，息于竽瑟④之乐；农夫春耕夏耘，秋敛⑤冬藏，息于聆缶⑥之乐。今夫子曰‘圣王不为乐’，此譬之犹马驾而不税⑦，弓张而不弛⑧，无乃⑨非有血气者之所不能至邪？”

子墨子曰：“昔者尧舜有茅茨⑩者，且以为礼，且以为乐；汤放桀于大水⑪，环⑫天下自立以为王，事成功立，无大后患，因⑬先王之乐，又自作乐，命曰《护》⑭，又修《九招》⑮；武王胜殷杀纣，环天下自立以为王，事成功立，无大后患，因先王之乐，又自作乐，命曰《象》⑯；周成王因先王之乐，又自作乐，命曰《驺虞》⑰。周成王之治天下也，不若武王，武王之治天下也，不若成汤，成汤之治天下也，不若尧舜。故其乐逾[18]繁者，其治逾寡。自此观之，乐非所以治天下也。”

程繁曰：“子曰‘圣王无乐’，此亦乐已，若之何[19]其谓圣王无乐也？”子墨子曰：“圣王之命也，多寡之[20]。食之利也，以知饥而食之者智也，因为无智[21]矣。今圣[22]有乐而少，此亦无也。”

注解：① 程繁：一位兼治儒、墨的学者。② 倦于听治：倦，厌倦，疲倦。听治，处理政务。③ 士大夫：指官吏或较有声望、地位的知识分子。④ 竽瑟：竽，一种像笙的乐器。瑟，一种弦乐器，有二十五弦，形似古琴。⑤ 敛：收，聚集。⑥ 聆缶：聆，当为“瓴”，容器，形如瓶。缶，瓦盆，可以打击作乐。⑦ 税：通“脱”，解脱，即卸车止驾。⑧ 张而不弛：张，紧张。弛，放松。⑨ 无乃：恐怕……吧？⑩ 茅茨（cí）：茅，茅草。茨，指盖屋顶。又，旧本作“第期”，人名，尧舜时代作乐之人。⑪ 大水：地名，即泰洞。⑫ 环：围绕，一统。这里指统治（天下）。⑬ 因：沿袭。⑭《护》：古书写作《大护》，据说是商汤命令伊尹制作的音乐，有对人民加以挽救和保护的意思。⑮《九招》：即《九韶》，古代乐曲，据说最先是帝舜制作的。⑯《象》：周武王伐商时制作的乐曲。⑰《驺（zōu）虞》：又写作《邹吾》，古代乐曲。《诗经·召南》有《驺虞》，就是周成王时的诗篇。⑱ 逾：更加。⑲ 若之何：怎么。⑳ 多寡之：孙诒让认为，应为“多者寡之”，凡是太盛的东西就减少它。在墨子看来，音乐多了就淫滥，要少些才好。㉑ 因为无智：“因”当为“固”，其实。此句意为饥而知食并不算智慧，以此类比圣王作乐很少，就相当于无乐。㉒ 圣：圣王。

今译

程繁问墨子说："先生曾经说过：'圣王不作音乐。'以前的诸侯治理朝政感到疲倦时，就以听钟鼓之乐的方式进行休息；士大夫处理政务感到疲倦了，就以听吹奏之乐的方式进行休息；农夫春天耕种、夏天除草、秋天收割、冬天贮藏，也要借听敲打瓦盆土缶之乐的方式休息。现在先生说'圣王不作音乐'，这好比马套上车后就不再卸下，弓拉开后就不再放松，这恐怕(若)不是有血气的人不能做到的吧！"

墨子说："以前尧舜只有茅草盖的屋子，姑且在里面举行礼仪，演奏音乐。(后来)商汤把夏桀放逐到泰洞，统一天下，自立为王，事业成功建立功勋，没有大的后患，于是就承袭先王之乐，又自己创作新的音乐，命名为《护》，又重新修订了《九招》之乐。周武王战胜殷朝，杀死纣王，统一天下，自立为王，没有了大的后患，于是就承袭先王之乐，又自己创作新的音乐，命名为《象》；周成王承袭先王之乐，又自己创作新的音乐，命名为《驺虞》。周成王治理天下不如武王，周武王治理天下不如成汤，成汤治理天下不如尧舜。所以音乐更加繁杂的君王，他的政绩(反而)更加少。由此看来，音乐不是能用它来治理天下的。"

程繁说："先生说'圣王没有音乐'，但(上面所说的)就是音乐，怎么能说圣王没有音乐呢？"墨子说："圣王的教令：凡是太盛的东西就减损它。(好比)饮食对人有利，(如果只是)因知道饥饿而去吃，(这就算)是智慧，其实也就算不上智慧了。现在圣王虽然有乐，但却很少，这也相当于是没有音乐了。"

释义

《三辩》篇围绕"圣王不为乐"的话题展开，阐述的仍然是墨子"非乐"的思想。说是"三辩"，实则只有两番问答，因此有学者认为全篇有缺损，并把它作为《非乐》篇的残文。

程繁的第一问提出，上至诸侯大夫、下至农夫百工都会在劳作之余以不同形式的音乐来放松身心、调剂精神。如果像墨子所说的那样“不为乐”，这恐怕不但难以做到，而且未免过于苛刻了吧？墨子的第一答以三代圣王（尧舜、商汤及周武王）为例。他们都是在建功立业之后创作音乐，可惜事实证明，音乐制作越繁杂，治国的功绩就越少，故而一代不如一代。因此，不能把“为乐”和治理国家直接划上等号。

程繁的第二问就墨子在第一轮辩惑中涉及的圣王之乐而提出，圣王明明有乐，为何却说“圣王无乐”呢？墨子以圣王的教令及饮食作比，指出圣明的人会删减繁复的音乐，直至其不足以影响治国大事，从这一层面而言，“少乐”也就是“无乐”了。

由上述可见，墨子的“非乐”主张针对的还是统治阶级。在那个“富贵者奢侈，孤寡者冻馁”的社会里，真正能够享受美好音乐的还是那些极少数的达官贵人。音乐本身是无罪的，墨子是以“万民之利”为着眼点来反对音乐、反对享乐的。

非命上（节选）

原文

子墨子言曰：古者王公大人为政国家者，皆欲国家之富，人民之众，刑政[1]之治。然而不得富而得贫，不得众而得寡，不得治而得乱，则是本[2]失其所欲，得其所恶，是故何也[3]？

子墨子言曰：执有命者以杂于民间者众[④]。执有命者之言曰："命富则富，命贫则贫，命众则众，命寡则寡，命治则治，命乱则乱，命寿则寿，命夭[⑤]则夭，命[⑥]，虽强劲，何益哉？"上以说[⑦]王公大人，下以驵[⑧]百姓之从事，故执有命者不仁。故当[⑨]执有命者之言，不可不明辨。

然则明辨此之说将奈何[⑩]哉？子墨子言曰：必立仪[⑪]，言而毋[⑫]仪，譬犹运钧[⑬]之上而立朝夕者[⑭]也，是非利害之辨，不可得而明知也。故言必有三表[⑮]。何谓三表？子墨子言曰：有本[⑯]之者，有原[⑰]之者，有用[⑱]之者。于何本之？上本之于古者圣王之事。于何原之？下原察百姓耳目之实。于何用之？废[⑲]以为刑政，观其中[⑳]国家百姓人民之利。此所谓言有三表也。

然而今天下之士君子或以[㉑]命为有，盖尝尚观于圣王之事[㉒]？古者桀之所乱，汤受[㉓]而治之；纣之所乱，武王受而治之。此世未易[㉔]，民未渝[㉕]，在于桀纣则天下乱，在于汤武则天下治，岂可谓有命哉。

注解：① 刑政：刑法政治。② 本：从根本上。③ 是故何也：此句犹"是何故也"，句子意思是"这是什么原因呢?"④ 执有命者以杂于民间者众："以"当在"执有命者"之前。以，因为。⑤ 夭(yāo)：短命，早死。⑥ 命：疑当为"力"。一说"命"以下有脱文，不可考。⑦ 说(shuì)：游说。⑧ 驵：通"阻"，阻碍。⑨ 当：对于。⑩ 奈何：怎么。⑪ 仪：标准，准则。⑫ 毋：通"无"。⑬ 运钧：转动的陶轮。运，转动。钧，制陶器用的轮盘。⑭ 朝夕者：测量时间的仪器。⑮ 表：即仪，准则，法度。⑯ 本：考察本源。⑰ 原：推断，考察。⑱ 用：实践。⑲ 废：通"发"，显现。⑳ 中：符合。㉑ 或以：有人认为。

㉒ 盖尝尚观于圣王之事：盖，通“盍”，何不。尝，试试。尚，通“上”。㉓ 受：接受。㉔ 易：改变。㉕ 渝：改变。

今译

墨子说：“古时候治理国家的王公大人，都想要国家富裕，人口众多，刑法政治稳定。然而国家却不能够富裕反而贫穷，人口没有增加反而减少，刑法政治不能稳定反而混乱，这是从根本上失去了他所希望的，得到了他所厌恶的，这是什么原因呢？”

墨子说：“因为持‘有命’观的人，杂处于民间太多了。”持“有命”观的人说：“命里富裕则富裕，命里贫困则贫困，命里人口众多则人口众多，命里人口稀少则人口稀少，命里治理得好则治理得好，命里混乱则混乱，命里长寿则长寿，命里短命则短命，即使力量强劲，又有什么用呢？”（用这话）对上游说王公大人，对下阻碍百姓的生产。所以持“有命”观的人是不仁义的。所以对持“有命”观的人所说的话，不能不明确辨析。

既然这样，那么要明确辨析这些话将通过怎样的方法呢？墨子说道：“必须订立准则。说话没有准则，好比在转动的陶轮之上，放立测量时间的仪器，（对于）是非利害的区别，是不可能明确了解的。”所以言论必定有三条标准。三条标准是什么呢？墨子说：“有察本的，有推究的，有实践的。”如何考察本源？要向上考察古时圣王事迹。如何推究呢？要向下考察百姓所见所闻的实情。如何实践呢？把它显现于刑法政令，观察它是否符合国家百姓人民的利益。这就是言论有三条标准的说法。

然而现在天下的仕人君子中，有的认为有命。何不向上考察圣王的事迹（试试）呢？古时候夏桀乱国，商汤接过国家并治理它；商纣乱国，周武王接过国家并治理它。社会没有改变，人民没有变化，桀纣时则天下混乱，汤武时则天下得到治理。这难道能说是有命吗？

释义

《非命》有上、中、下三篇。墨子认为国家治理不好的一个极大的原因,就是持“命定论”者不在少数。这些人把好坏臧否所有一切都归结于“命”,并以此迷惑众人。王公大人听信于此,便会疏于朝政;平民百姓听信于此,便会懒于劳作。祸害由此产生。因而“命定论”者是不仁不义之人,对社会发展起的是消极作用,世人当明加辨析。

上篇进一步从三个方面论述“天命”是不存在的。节选部分是第一方面的内容,即三表法的第一项原则——推究本源。墨子指出古代的社会和百姓都未曾改变,但在不同人的治理之下就有天壤之别。夏桀、商纣时期天下大乱,商汤、武王时期天下大治。这说明事在人为,而非命中注定。

第二项及第三项原则分别是从考察百姓耳闻目见之实及主张“有命者”遭受杀身亡国之灾,来证明命的虚妄,若安于其莫须有的“命”,则后患无穷。

墨子坚决否定命的存在,目的就是要号召每一个人发挥自己的力量,改变社会现状,达到国富民强的目的。

非命下(节选)

原文

故昔者三代圣王禹汤文武方[①]为政乎天下之时,曰:“必务举[②]孝子而劝[③]之事亲,尊贤良之人而教之为善。”是故出政施教，赏善罚暴。且以为若此，则天下之乱也，将属[4]可得而治也；社稷[5]之危也，将属可得而定也。若以为不然，昔桀之所乱，汤治之；纣之所乱，武王治之。当此之时，世不渝而民不易，上变政而民改俗。存[6]乎桀纣而天下乱，存乎汤武而天下治。天下之治也，汤武之力也；天下之乱也，桀纣之罪也。若以此观之，夫安危治乱存乎上之为政也，则夫岂可谓有命哉！故昔者禹汤文武方为政乎天下之时，曰：“必使饥者得食，寒者得衣，劳者得息，乱者得治。”遂得光誉令问于天下[7]。夫岂可以为命哉？故[8]以为其力也。今贤良之人，尊贤而好功道术[9]，故上得其王公大人之赏，下得其万民之誉，遂得光誉令问于天下。亦岂以为其命哉？又以为力也！

然今夫有命者，不识昔也三代之圣善人与？意亡昔三代之暴不肖人与[10]？若以说观之，则必非昔三代圣善人也，必暴不肖人也。然今以命为有者，昔三代暴王桀纣幽厉，贵为天子，富有天下，于此乎不而矫其耳目之欲[11]，而从其心意之辟[12]。外之驱骋田猎毕戈[13]，内湛[14]于酒乐，而不顾其国家百姓之政。繁为无用，暴逆[15]百姓，遂失其宗庙[16]。其言不曰：“吾罢[17]不肖，吾听治不强。”必曰：“吾命固[18]将失之。”虽昔也三代罢不肖之民，亦犹此也。不能善事亲戚君长，甚恶恭俭而好简易，贪饮食而惰从事，衣食之财不足，是以身有陷乎饥寒冻馁[19]之忧。其言不曰：“吾罢不肖，吾从事不强。”又曰：“吾命固将穷。”昔三代伪民[20]亦犹此也。

注解：① 方：正在，正当。② 举：推举。③ 劝：鼓励。④ 属：适，恰好。⑤ 社稷：社，古代指土地之神。稷，指五谷之神。“社稷”用于国家的代称。⑥ 存：在。⑦ 遂得光誉令问于天下：于是他们在天下获得了广泛的声誉和美好的名声。遂，于是。光，通“广”，广誉，广泛的声誉。问，通“闻”，令闻，好名声。⑧ 故：通“固”，本来。⑨ 好功道术：喜好治国的道理方法。功，通“攻”，治。道术，这里指治理国家的方法。⑩ 意亡昔三代之暴不肖人与：还是从前三代的凶暴无能的人呢？意，通“抑”，还是。亡，当为“亦”之误。不肖，不贤能。与，通“欤”，“……吗”之意。⑪ 不而矫其耳目之欲：不能改正声色的欲望，而放纵他的内心的癖好。而，能。矫，纠正。⑫ 从其心意之辟：意，通“志”。辟，通“癖”，癖好。⑬ 田猎毕戈：狩猎，捕捉野生鸟兽。⑭ 湛：通“沉”，沉溺。⑮ 逆：抵触，违背。⑯ 宗庙：代指国家。⑰ 罢：通“疲”，累。⑱ 固：本来。⑲ 馁：饥饿。⑳ 伪民：诈伪的人。

今译

所以古时候三代的圣王夏禹、商汤、周文王和周武王，当他们执政于天下时，说：“一定要致力于推举孝子，鼓励人们侍奉双亲；尊重贤良之人而教导人们行善。”所以颁布政令实施教育，奖赏善良的人惩罚凶暴的人。并且认为如果这样，那么混乱的天下，将恰好可以得到治理；危险的社稷，将恰好可得到安宁。如果认为不是这样，古时夏桀乱国，商汤治理了；商纣乱国，武王治理了。在那个时候，社会没有改变，人民没有变化，君王改变了政务而人民改变了风俗。在桀纣那里则天下混乱，在汤武那里则天下大治。天下得到治理是汤武的功劳，天下的混乱是桀纣的罪过。这样看的话，安、危、治理、混乱，在于君王的施政，那怎么可以说是命中注定呢？所以古时禹、汤、文、武，当他们执政于天下时，说：“必须让饥饿的人得到食物，寒冷的人得到衣物，劳作的人得到休息，混乱的局面得到治理。”于是他们在天下获得了广泛的声誉和美好的名声。这怎么可以认为是命呢？这本来就是他们的努力啊！现在贤良的人，尊重贤才而喜好治国的道理方法，所以在上得到王公大人的奖赏，在下得到万民的称誉，最终在天下获得了广泛的声誉和美好的名声。这怎么可以认为是他们的命呢？这本来就是他们的努力啊！

然而今天主张“有命”的人，不知道（是根据）从前三代的圣人善人呢，还是从前三代的凶暴无能的人呢？如果按照这“有命”的说法来看，则一定不是从前三代的圣人善人，一定是凶暴无能的人。然而今天认为有命的人，从前三代暴君夏桀、商纣、周幽王和周厉王，贵为天子，富有天下。在这种情况下，他们不能改正声色的欲望，而放纵他们内心的癖好。在外驱车狩猎，在内沉溺于酒和音乐，而不顾他的国家百姓的政事，频繁地做无用之事，残暴地违逆百姓之心，最终失去了国家。他们不会这样说：“我疲沓无能，我听政治国不尽力。”而一定说：“我命里本来就要失国。”即使以前三代疲沓无能的百姓，也是这样。不能好好地对待双亲君长，很嫌恶恭敬俭朴而喜好简薄轻慢，贪于饮食而懒于劳作，衣食财物不足，所以自身有陷入饥寒冻馁之境的忧患。他们不会这样说：“我疲沓无能，我劳作不尽力。”也说是：“我命里本来就穷。”从前三代的诈伪的人也是这样。

原文

是故子墨子曰：今天下之君子之为文学、出言谈也，非将勤劳其惟舌[21]，而利其唇吻[22]也，中[23]实将欲其国家邑里万民刑政者也。今也王公大人之所以蚤朝晏退[24]，听狱[25]治政，终朝[26]均分[27]而不敢怠倦者，何也？

曰：彼以为强[28]必治，不强必乱；强必宁，不强必危，故不敢怠倦。今也卿大夫之所以竭股肱之力[29]，殚[30]其思虑之知，内治官府，外敛[31]关市、山林、泽梁之利，以实官府，而不敢怠倦者，何也？曰：彼以为强必贵，不强必贱；强必荣，不强必辱，故不敢怠倦。今也农夫之所以蚤出暮入，强乎耕稼树艺，多聚叔粟[32]，而不敢怠倦者，何也？曰：彼以为强必富，不强必贫；强必饱，不强必饥，故不敢怠倦。今也妇人之所以夙兴夜寐[33]，强乎纺绩织纴，多治麻丝葛绪，捆布縿[34]，而不敢怠倦者，何也？曰：彼以为强必富，不强必贫；强必暖，不强必寒，故不敢怠倦。

今虽毋[35]在乎王公大人，蕢若[36]信有命而致行之，则必怠[37]乎听狱治政矣，卿大夫必怠乎治官府矣，农夫必怠乎耕稼树艺矣，妇人必怠乎纺绩织纴矣。王公大人怠乎听狱治政，卿大夫怠乎治官府，则我以为天下必乱矣。农夫怠乎耕稼树艺，妇人怠乎纺绩织纴，则我以为天下衣食之财将必不足矣。若以为政乎天下，上以事天鬼，天鬼不使[38]；下以持养[39]百姓，百姓不利，必离散不可得用也。是以入守则不固，出诛[40]则不胜。故虽昔者三代暴王桀纣幽厉之所以共抎[41]其国家，倾覆其社稷者，此也。

是故子墨子言曰：今天下之士君子，中实将欲求兴天下之利，除天下之害，当若有命者之言，不可不强非[42]也。曰：命者，暴王所作，穷人所术[43]，非仁者之言也。今之为仁义者，将不可不察而强非者此也。

注解：㉑ 惟舌：当为“喉舌”。㉒ 唇吻：嘴巴。㉓ 中：内心。㉔ 蚤朝晏退：谓早出视事，及晚才退。谓勤于政事。蚤，通“早”。晏，迟，晚。㉕ 听狱：审理案件。㉖ 终朝：整天。㉗ 分：名分，职分。㉘ 强：竭力，尽力。㉙ 竭股肱(gōng)之力：用尽自己的所有力量。形容做事已竭尽全力。股肱，大腿和胳膊。㉚ 殚：竭尽。㉛ 敛：征收。㉜ 叔粟(shū sù)：即“菽粟”，豆和小米，泛指粮食。㉝ 夙兴夜寐(sù xīng yè mèi)：起得早而睡得晚，形容勤奋劳作。夙，早。兴，起。㉞ 麻丝葛绪，捆布縿：泛指纺纱绩麻织布等劳作。葛，表面有花纹的纺织品。绪，苎麻。捆，织。縿，缫。㉟ 虽毋：发语词。㊱ 蕢若：假如。蕢，当为“藉”之误。㊲ 怠：懒惰，松懈。㊳ 使：顺从。㊴ 持养：保养，养育。㊵ 诛：杀。㊶ 共抎(yǔn)：共，当为“失”之误。抎，丧失。㊷ 非：反对。㊸ 术：通“述”，即复述有命的说法。

今译

所以墨子说：现在天下一些贤能的人写文章、发表言论，并不是想要锻炼自己的口舌，使自己的嘴巴利索，他们内心实在是为了国家、邑里、万民的刑法政治。现在的王公大人之所以很早上朝，很晚退朝，审理案件，治理政事，整日分配职事而不敢倦怠，是为什么呢？答道：他们认为尽力必能治理，不尽力就要混乱；尽力必能安宁，不尽力就要危险，所以不敢倦怠。现在的卿大夫之所以用尽全身的力气，竭尽全部智慧，对内治理官府，对外征收关市、山林、湖泊、鱼梁的税利，用来充实仓廪府库，而不敢倦怠，是为什么呢？答道：(因为)他们认为尽力则地位必能尊贵，不尽力则地位就会低贱；尽力必能荣耀；不尽力就会屈辱，所以不敢倦怠。现在的农夫之所以早出晚归，努力从事耕种、植树、种菜、园艺，多收豆子和小米，而不敢倦怠，是为什么呢？答道：他们认为尽力则必能富裕，不尽力就会贫穷；尽力必能吃饱，不尽力就要挨饿，所以不敢倦怠。现在的妇人之所以早起夜睡，努力纺纱、绩麻、织布，多多出产麻、丝、葛、苎麻，而不敢倦怠，是为什么呢？答道：她们认为尽力则必能富裕，不尽力就会贫穷；尽力则必能温暖，不尽力就会寒冷，所以不敢倦怠。

现在的王公大人若确信“有命”并表现在行动上，则必懒于审理案件处理政务，卿大夫必懒于治理官府，农夫必懒于耕田、植树、种菜、园艺，妇人必懒于纺纱、绩麻、织布。王公大人懒于审理案件处理政务，卿大夫懒于治理官府，那么我认为天下一定会混乱；农夫懒于耕田、植树、种菜、园艺，妇人懒于纺纱、绩麻、织布，那么我认为天下衣食财物，一定会不足。如果以此来治理天下，向上侍奉天与神，天与神必不顺从；对下以此来养育百姓，百姓没有得到利益，必定会离乱分散，不能被驱使。这样在内守国则不牢固，出去杀敌则不会胜利。所以从前三代暴君夏桀、商纣、周幽王和周厉王之所以失去国家，倾覆社稷的原因，就在这里啊。

所以墨子说：现在天下的士人君子，如果内心确实希望振兴天下之利，除去天下之害，那么在面对“有命”论者的话时，就不可不尽力反对它。他说：命，是暴君所捏造，穷人所传播的，不是仁人的话。今天行仁义之道的人，将不可不仔细辨别而尽力反对它，就是这个(道理)啊。

释义

《非命下》通过列举三代圣王与三代暴王之所为，来批驳天命论。三代圣王禹、汤、文、武执政时赏贤罚暴，积极解决民生“三患”(“饥者不得食，寒者不得衣，劳者不得息”)问题，因而称誉天下；反之，三代暴王桀、纣、幽、厉耽于享乐，置百姓生死于不顾，因而自取灭亡。后者往往以“命该如此”作为遁词，逃避责任。其实这两种截然不同的结局，与命无关，与君王的主观作为有关。墨子继而又推及王公大人、农夫织妇等，对比了命定论与非命论的不同表现，提出“强力”能够创造一切。所谓强力，就是努力从事本职工作，充分发挥主观能动性。人一生的贫富、贵贱、祸福都是由自己决定的，一切都取决于自己的身体力行，与“天命”毫无关系，天命是不存在的。它只是暴王与穷民为自己开脱的借口，因此必须明辨而加以批驳。

墨子的“非命论”实则是富于积极进取精神的自强不息论，他让平民百姓看到了希望，没有什么“天注定”，只要尽人力，就一定会改变处境。平民百姓也是这样地企盼在赏善罚恶的上天鬼神主宰之下，依靠自己的善良、勤劳和技艺，来改变自己的命运，脱离贫乏困窘，上升为富有尊贵者。

非儒下（节选）

原文

有强[①]执有命以说议曰：“寿夭贫富，安危治乱，固有天命，不可损益[②]。穷达[③]赏罚，幸否有极[④]，人之知力[⑤]，不能为焉。”群吏信之，则怠于分职；庶人信之，则怠于从事。吏不治则乱，农事缓则贫，贫且乱政之本[⑥]，而儒者以为道教[⑦]，是贼[⑧]天下之人者也。

注解：① 强：顽固地。② 损益：损，减少。益，增加。③ 穷达：穷，困顿。达，显达。④ 幸否(pǐ)有极：幸，吉而免凶。否，不幸。极，定数。⑤ 知力：智慧和力量。知，通“智”。⑥ 政之本：应为“背政之本”。⑦ 道教：道，主张。教，进行引导。⑧ 贼：残害，毒害。

今译

有人顽固地坚持“有命”观分辩议论道：“长寿与短命、贫穷与富有、安定与危险、治理与混乱，本来就有天命，不能减少增加。困顿与显达，受赏与遭罚，吉祥与灾祸都有定数，人的智慧和力量是无所作为的。”官吏们相信了这些话，就会对职分内的事懈怠；平民们相信了这些话，就会对生产劳作懈怠。官吏不治理，社会就会混乱，农事不及时，国家就会贫困。既贫困又混乱，违背政事的根本，而儒家把它当作主张加以引导，这是毒害天下的人啊。

释义

《非儒》上篇缺，仅存下篇，是对儒家的批评和责难，学界公认它是墨家后学之作。节选部分非难的是儒家的“天命论”。儒家是相信天命的决定性权威。孔子认为，“君子有三畏：畏天命，畏大人，畏圣人之言。小人不知天命而不畏也，狎大人，侮圣人之言。”孔子还认为，“不知命，无以为君子也。”他的学生子夏则用更为简练的语言对命定论作了概括：“商闻之矣：死生有命，富贵在天。”命定论者鼓吹的贫富、众寡、治乱、寿夭都是由命决定的，是“命”中注定的。墨子对此进行了大胆挞伐，提出了天命论是“贼天下之人者”的鲜明观点。

墨子作为下层平民利益的代表，其思想的根本出发点是建立在平民阶层的基础上,反映的是下层劳动人民的呼声。墨子的"非命论"意在突出强调人的主体性力量,主张用个人的力量去改变自身命运,在当时具有超前的进步意义。

当然,墨子本人是非儒不非孔的,其矛头所指多为小人之儒,而非君子之儒。

第五单元

天志·明鬼

墨子是一个有神论者。他认为天有意志，世有鬼神。墨子的天是人格的天，主宰的天。天有最高的智慧、最广的仁爱、最大的权能。天有爱有憎，能赏能罚，顺天之意者赏以福，逆天之意者罚以祸。而所谓天意，一言以蔽之就是兼爱天下百姓。可见，墨子的“天志”与“兼爱”密不可分。兼爱是天志的内容，天志是兼爱的终极依据。

在墨子心中鬼神与天一样，都具有根据人的行为而进行赏善罚恶的意志和能力。人之于天，需要遵从它的意志，人之于鬼神，则需要祭祀供奉，也就是“上尊天，中事鬼神”。人的愿望通过祭祀上帝山川鬼神，可以上达于天。墨子“明鬼”最终还是为了实现“兼相爱，交相利”的目的，其鬼神观也是为他的“兼爱”思想服务的。从这一层面而言，墨子的“天志”是替天行兼爱之道，“明鬼”则是借鬼明兼爱之理了。

天志上(节选)

原文

故天子者，天下之穷[①]贵也，天下之穷富也。故于[②]富且贵者，当[③]天意而不可不顺。顺天意者，兼[④]相爱，交相[⑤]利，必得赏。反天意者，别相恶[⑥]，交相贼[⑦]，必得罚。然则是谁顺天意而得赏者？谁反天意而得罚者？子墨子言曰：昔三代圣王禹汤文武，此顺天意而得赏也。昔三代之暴王桀纣幽厉，此反天意而得罚者也。然则禹汤文武其得赏何以也？子墨子言曰：其事[⑧]上尊天，中事鬼神，下爱人。故天意曰："此之[⑨]我所爱，兼而爱之；我所利，兼而利之。爱人者此为博焉，利人者此为厚焉。"故使贵为天子，富有天下，业[⑩]万世子孙，传称其善，方施[⑪]天下，至今称之，谓之圣王。然则桀纣幽厉得其罚何以也？子墨子言曰：其事上诟[⑫]天，中诟鬼，下贼人。故天意曰："此之我所爱，别而恶之；我所利，交而贼之。恶人者此为之博也，贱[⑬]人者此为之厚也。"故使不得终其寿，不殁其世[⑭]，至今毁之，谓之暴王。

注解：① 穷：(达到)极致。② 于：旧本作"欲"。③ 当：面对。④ 兼：不相区别。⑤ 交相：互相。⑥ 别相恶：与"兼相爱"相反。别，指分别。相恶，互相厌恶。⑦ 贼：伤害。

⑧ 其事：他们(所做的)事。⑨ 此之：即"此之于"，这(是)对于。⑩ 业：传承。⑪ 方施：方，通"旁"，广泛地。旁施，即遍施。⑫ 诟：辱骂。⑬ 贱：当为"贼"之误字。⑭ 不殁其世：殁，终。意为基业不待终其身而亡。

今译

所以说天子是天下极尊贵的人，天下极富有的人。因此想要变得尊贵而且富有的人，对天意就不可不顺从。顺从天意的人，无差别地爱人，相互地给予利益，必定会得到赏赐；违反天意的人，互相厌恶，互相残害，必定会得到惩罚。既然这样，那么是谁顺从天意而得到赏赐呢？是谁违反天意而得到惩罚呢？墨子说道：从前三代圣王禹、汤、文王和武王，这些人是顺从天意而得到赏赐的；从前三代暴王桀、纣、幽王和厉王，这些人是违反天意而得到惩罚的。既然如此，那么禹、汤、文王和武王，他们凭什么得到赏赐呢？墨子说：他们所做的事，对上尊崇天，于中敬奉鬼神，对下爱护人民。所以天意说："这就是对于我所爱的，他们同样全部都爱；对我所要给予利益的，他们同样全部都给予利益。爱人的事，这是最为广泛的了；利人的事，这是最为厚重的了。"所以使他们贵为天子，富有天下，子孙基业传万世，传颂称赞他们的善行，(教化)遍施于天下，到现在(人们仍然)称赞他们，称他们为圣王。既然如此，那么桀、纣、幽王和厉王，他们为什么得到惩罚呢？墨子说道：他们所做的事，对上辱骂上天，于中辱骂鬼神，对下残害人民。所以天意说："对我所爱的，他们却区别对待并有所厌恶；对我所要给予利益的，他们却交相残害。厌恶别人的事，这是最广泛的了；害人的事，这是最严重的了。"所以使他们不得寿长而善终，基业不能终其身而亡，至今(人们还在)讥议他，称他们为暴王。

释义

“天志”,顾名思义就是上天的意志。墨子认为天子虽然是天下极尊贵极富有的人,但毕竟是“在天之下”,“天”才是真正的权威,一切的主宰。因而普天之下的所有人(当然也包括天子)必须遵循上天的意志来行事。顺从天意,便可得到天的赏赐;违反天意,就会遭受天的惩罚。

那么,天意的具体内容是什么呢?一言以蔽之:兼相爱,交相利。上天兼爱天下,给利天下,当然希望身为天之子的王也能够兼爱百姓,给利百姓,爱天之所爱,利天之所利,这样才能获得天的荫庇,从而像古代圣王那样,基业稳固,受百姓赞誉和爱戴。反之,如果逆天行事——别相恶,交相贼,那么就会像古代暴君的下场那样受到惩罚,身死国灭,万人唾弃。

墨子提出一个存在于天子之上的“天”,正是为了以天的意志来表明自己“兼爱”的主张。因而墨子的“天”与传统宗教中的“天”有着本质的差别。传统宗教中的“天”是贵族及等级制度的保护神,而墨子的“天”却是为平民说话的。天意反映着“民意”,代表着“民意”,天子所为归根结底就是要“爱民利民”。这就是天的旨意。

天志下(节选)

原文

曰:顺天之意者,兼也;反天之意者,别也。兼之为道也，义正[①]；别之为道也，力正[②]。曰：义正者何若？曰：大不攻小也，强不侮弱也，众不贼寡也，诈不欺愚也，贵不傲贱也，富不骄贫也，壮不夺老也。是以天下之庶国[③]，莫以水火毒药兵刃以相害也。若[④]事上利天，中利鬼，下利人，三利而无所不利，是谓天德。故凡从事此者，圣知也，仁义也，忠惠也，慈孝也，是故聚敛天下之善名而加之。是其故何也？则顺天之意也。曰：力正者何若？曰：大则攻小也，强则侮弱也，众则贼寡也，诈则欺愚也，贵则傲贱也，富则骄贫也，壮则夺老也。是以天下之庶国，方[⑤]以水火毒药兵刃以相贼害也。若事上不利天，中不利鬼，下不利人，三不利而无所利，是谓之贼[⑥]。故凡从事此者，寇乱也，盗贼也，不仁不义，不忠不惠，不慈不孝，是故聚敛天下之恶名而加之。是其故何也？则反天之意也。

注解：① 义正：即"义政"，用仁义来治理政务。② 力正：即"力政"，指靠暴力来维持统治。③ 庶国：即各个国家。④ 若：此，这样。⑤ 方：并，一齐。⑥ 之贼：应为"天贼"，与上文"天德"相对。

今译

顺从天意，就是"兼"；违反天意，就是"别"。把"兼"作为施政之道，就是用仁义来治理政务；把"别"作为施政之道，就是以暴力来治理政务。试问："义政是什么样的呢？"回答说：大的不攻打小的，强的不欺侮弱的，多的不残害少的，狡诈的不欺骗愚笨的，尊贵的不傲视卑贱的，富裕的不轻视贫穷的，年壮的不掠夺年老的。所以天下各个国家，没有用水火、毒药、刀剑来相互杀害的。这样的事上利于天，中利于鬼，下利于人，对三者有利，就没有什么得不到利益的，这叫作天德。所以凡是做这些事情的人，就是圣明而有智慧之人、仁义之人、忠诚而且仁惠之人、慈爱而且孝顺之人，所以天下的好名声都加到他身上。这是什么缘故呢？就是顺从天意。问道："力政是什么样的呢？"回答说：大的攻打小的，强的欺侮弱的，多的残害少的，狡诈的欺骗愚笨的，尊贵的傲视卑贱的，富裕的轻视贫困的，年壮的掠夺年老的，所以天下各个国家，一齐用水火、毒药、刀剑来相互残害。这样的事上不利于天，中不利于鬼，下不利于人，对于三者不利就没有什么得到利益的了，所以称之为(天)贼。所以凡是做这些事的人，就是造反作乱之人、是强盗和窃贼，是不仁不义、不忠不惠、不慈不孝之人，所以天下的恶名都加在他们身上。这是什么缘故呢？就是违反了天意。

释义

《天志下》的内容与中、上篇大同小异，反复论证天之意在兼爱百姓，并把"兼"与"别"作为君主实行"义政"与"暴政"的分水岭。节选部分从"天德"与"天贼"正反两方面强调了对天意的顺逆是判断善恶的标准。墨子认为：天意就是反对大国攻伐小国，大家攻掠小家，强者欺负弱者，富者傲视贱者。这与兼爱的主张如出一辙，是反映下层民众意愿，保护"弱势群体"利益的。

墨子还提出了符合天德的"三利"原则，即利天、利鬼、利人，对这三者有利便无所不利。也只有这样的"三利"统治才能称之为"义政"，施行义政之人，才能集天下之美名于一身；否则就是"力政(暴政)"，力政之下无一得利，施行力政之人将臭名昭著。

从墨子的"天志论"中我们不难发现，墨子想在统治者之上确立一个至高无上的权威，迫使统治阶级实行“义政”，以减少战乱，减轻民众的负担，从而构建一个“刑政治、万民和、国家富、财用足”的理想社会模式。

法仪（节选）

原文

然则奚[①]以为治法[②]而可？故曰莫若法天[③]。天之行广而无私，其施厚而不德[④]，其明[⑤]久而不衰，故圣王法之。既以天为法，动作有为[⑥]必度[⑦]于天，天之所欲则为之，天所不欲则止。然而天何欲何恶者也？天必欲人之相爱相利，而不欲人之相恶相贼[⑧]也。奚以知天之欲人之相爱相利，而不欲人之相恶相贼也？以[⑨]其兼[⑩]而爱之、兼而利之也。奚以知天兼而爱之、兼而利之也？以其兼而有之、兼而食[⑪]之也。

今天下无大小国，皆天之邑[⑫]也。人无幼长贵贱，皆天之臣也。此以莫不犓[⑬]羊、豢[⑭]犬猪，洁为酒醴粢盛[⑮]，以敬事天，此不为兼而有之、兼而食之邪？天苟[⑯]兼而有食之，夫奚说以不欲人之相爱相利也！故曰爱人利人者，天必福之；恶人贼人者，天必祸之。曰杀不辜者[⑰]，得不祥焉。夫奚说人为其相杀而天与[⑱]祸乎？是以知天欲人相爱相利，而不欲人相恶相贼也。

注解：① 奚：何，什么。② 法：法则，规则。③ 莫若法天：法，以……为法则。莫若，不如。④ 德：感恩。一说，自居功德。⑤ 明：光耀。⑥ 动作有为：行动做事。⑦ 度：取法。⑧ 相恶（wù）相贼：互相厌恶互相伤害。恶，厌恶。贼，伤害。⑨ 以：因为。⑩ 兼：全。⑪ 食：供给食物。⑫ 邑：国，城邦。⑬ 犓（chú）：用草喂（牛羊）。⑭ 豢（huàn）：用谷物喂牲畜。⑮ 洁为酒醴（lǐ）粢（zī）盛（chéng）：洁净地准备好酒食祭品。醴，甜酒。粢，祭祀用的米饼。盛，放进了祭品的器皿。⑯ 苟：如果。⑰ 不辜者：无辜的人。⑱ 与：给予。

今译

既然这样，那么把什么作为治理国家的法则才行呢？所以说：不如以天为法则。天的运行广大无私，它的恩施深厚而不求感恩，它的光耀长久而不衰竭，所以圣王以它为法则。既然以天为法则，行动做事就必须取法于天。天所希望的就去做，天所不希望的就应停止。那么天希望做什么、讨厌做什么呢？天一定希望人相爱相利，而不希望人相互厌恶相互残害。凭什么知道天希望人相爱相利，而不希望人相互厌恶相互残害呢？（这是）因为天爱天下所有的人，给予天下所有的人利益。凭什么知道天爱天下所有的人，给予天下所有的人利益呢？因为天拥有一切，无差别地供给食物。

现在天下不论大国小国，都是天的城邦。人不论长幼贵贱，都是天的臣民。因此人没有不喂牛羊、养猪狗，准备好洁净的酒食祭品，用来敬献侍奉天的。这难道不是全部地拥有和供给人食物吗？天如果全部地拥有和供给人食物，那说什么天不要人相爱相利呢？所以说：爱人利人之人，天一定降福于他；厌恶和残害别人的人，天一定降祸于他。所以说：杀害无辜的人，会得到不祥后果。否则如何解释说人若相互残杀，天就降祸于他呢？

因此知道天希望人相爱相利,而不希望人相互厌恶和残害。

释义

本篇与《天志》篇内容上互为补充。法仪,就是法度,也就是法规准则。万事万物都有遵循的准则,没有规矩,不成方圆。百工之人如此,帝王将相也不例外。如果说百工之人可以凭“圆规”“绳墨”“悬尺”等工具作为行业规范的标准,那么,帝王将相统治管理的准则是什么?谁有这个资格制定准则,建立法度呢?墨子认为,父母、学者、国君,都存在不仁不义之人,如果以他们为准则治国,就会产生混乱。只有至高无上的天,具有普遍性、客观性、公正光明而持久不衰,可以成为放之四海而皆准的法仪。天博大无私、恩泽万世,是仁义的制高点,以天为法度,才无可争议,才能长治久安。

在墨子的心目中,天建立了日、月、星、辰运行的秩序,制定了春、夏、秋、冬四季运行的规律。人类都为天所有,天养活了天下所有人。不论自然界的天时地利,不论人类世界的政治制度和行政措施,一切都是天为爱天下人所作的妥善安排。天对人是全爱全利的。因此,人应该以感激、报恩的心来面对天、敬天奉天,并且遵循天的意志行事,为“兼爱”之道,相爱相利。可见,“天”是墨家表述“兼爱”思想的理论工具。

第六单元

国备·防守

墨子奔走呼告和平的同时，也理智地对待战争。他一方面告诫人们要居安思危，无战备战；另一方面亲自游说，欲战前止战；实在劝阻不果，就率领弟子扶弱济危，有战抗战。

面对“大攻小、强执弱”战争频仍的现实，他告诫小国弱国要提高警惕，以积极的防御战来击破攻伐掠夺的非正义战争。

司马迁在《史记·孟子荀卿列传》中称赞墨子“善守御”。“墨守成规”这一成语最初也并没有不知变通之意，而是“墨子善守”的一脉相承。善于守城和防御，确实是墨子军事思想的一大特色。

“有备无患”是积极防御的基本前提。《七患》篇详细讲述了造成国家灾难的七种祸患，告诫国君和平时期就要在粮食、武器装备、城防工程、防御计划、内政外交等方面做好抗敌自卫的准备。要具有全方位的防御思想，建立赏罚严明、高效畅通的防御指挥系统，设置全民皆兵的群众战争方略。在守城战斗的非常时刻，还要采取开明宽松的用人方针等。这些内容在本单元的各篇目中都有所涉及。

七患

备城门(节选)

备梯(节选)

杂守(节选)

七患

原文

子墨子曰：国有七患。七患者何？城郭沟池[①]不可守，而治宫室，一患也；边国[②]至境，四邻莫救，二患也；先尽[③]民力无用之功，赏赐无能之人，民力尽于无用，财宝虚于待客，三患也；仕者持禄[④]，游者爱佼[⑤]，君修法讨臣[⑥]，臣慑而不敢拂[⑦]，四患也；君自以为圣智而不问事[⑧]，自以为安强而无守备，四邻谋之不知戒，五患也；所信[⑨]者不忠，所忠者不信，六患也；畜种菽粟[⑩]不足以食之，大臣不足以事[⑪]之，赏赐不能喜，诛罚不能威，七患也。

以七患居国[⑫]，必无社稷[⑬]；以七患守城，敌至国倾[⑭]。七患之所当[⑮]，国必有殃。

注解：① 城郭沟池：城，城墙。郭，城外围着城的墙。沟池，护城河。② 边国：指敌国。③ 尽：用尽，耗尽。④ 持禄：保持禄位。⑤ 佼：通“交”，交友结党。⑥ 讨臣：处罚大臣。讨，查究处置。⑦ 拂：违背。⑧ 问事：过问具体事务。⑨ 信：认为可靠。⑩ 畜种菽粟：储存、种植的粮食。畜，通“蓄”，储存。种，种植。菽，豆类。粟，小米。菽粟，泛指粮食。⑪ 事：办事情，此指任用。⑫ 居：存在。一说作“君”，“君国”即“治国”。⑬ 无社稷：指国家灭亡。⑭ 倾：倾覆，倾毁。⑮ 当：存在。

今译

墨子说：国家有七种祸患。这七种祸患是什么呢？内外城池不能够守卫住国家，却去修造宫室，这是第一种祸患；敌国攻打到了边境，邻邦却没有人来救援，这是第二种祸患；国家耗尽民力在无用的事情上，赏赐没有才能的人，民力因耗尽在无用之事上，财力因款待宾客而用空，这是第三种祸患；做官的人(只求)保住俸禄，游学未仕的人只顾交友结党，国君修订法律以处置臣下，臣下畏惧而不敢违背君命，这是第四种祸患；国君自以为神圣有智慧，而不过问具体事务，认为国家安稳强大，而预先不作防备，四面邻国在图谋攻打他，却不知警戒，这是第五种祸患；国君信任的人不忠诚，而忠诚的人得不到信任，这是第六种祸患；储存、种植的粮食不够食用，大臣的才能不足以任用，赏赐不能使人欢喜，责罚不能使人畏惧，这是第七种祸患。

国家的治理若有这七种祸患，必定亡国；守卫城市若有这七种祸患，敌人一到国家就会倾覆。有这七种祸患存在的国家，这个国家必定遭殃。

原文

凡五谷者，民之所仰[16]也，君之所以为养也。故民无仰则君无养，民无食则不可事[17]。故食不可不务[18]也，地不可不力[19]也，用不可不节也。五谷尽收，则五味尽御[20]于主，不尽收，则不尽御。一谷不收谓之馑[21]，二谷不收谓之旱[22]，三谷不收谓之凶[23]，四谷不收谓之馈[24]，五谷不收谓之饥[25]。

岁馑，则仕者大夫以下皆损[26]禄五分之一。旱，则损五分之二。凶，则损五分之三。馈，则损五分之四。饥，

则尽无禄，禀食[27]而已矣。故凶饥存乎国，人君彻鼎食五分之五[28]，大夫彻县[29]，士不入学，君朝之衣不革制[30]，诸侯之客，四邻之使，雍食而不盛[31]，彻骖騑[32]，涂不芸[33]，马不食粟，婢妾不衣帛[34]，此告不足之至[35]也。

今有负其子而汲者[36]，队[37]其子于井中，其母必从而道[38]之。今岁凶、民饥、道饿，重其子此疚于队[39]，其可无察邪？故时年岁善[40]，则民仁且良；时年岁凶，则民吝且恶。夫民何常此之有[41]？为者疾[42]，食者众，则岁无丰。故曰："财不足则反[43]之时，食不足则反之用。"故先民以时生财[44]，固本[45]而用财，则财足。

注解：⑯ 仰：依赖，依靠。⑰ 事：当作"使"，使唤。⑱ 务：从事，致力。⑲ 力：力耕。⑳ 御：饮食入口称为"御"，享用。㉑ 馑（jǐn）：饥荒。㉒ 旱：当为"罕"之误，短缺。㉓ 凶：庄稼收成不好。㉔ 馈：通"匮"，匮乏。㉕ 饥：谷不熟为饥。指饥荒，五谷没有收成。㉖ 损：减少。㉗ 禀食：禀，通"廪"。从国家粮库中领取口粮。㉘ 彻鼎食五分之五：彻，去掉。鼎食，列鼎而食，吃饭时排列很多鼎，形容富贵人家豪华奢侈的生活。五分之五，孙诒让疑为"五分之三"之误。㉙ 彻县：停止奏乐。县，通"悬"，指悬挂的钟鼓之类乐器。㉚ 革制：更制新衣。革，改，这里意为"重新"。㉛ 雍食而不盛：款待的礼宴不丰盛。雍食，即饔飧（yōng sūn），早餐和晚餐。这里指招待外国使节的礼宴。㉜ 骖騑（cān fēi）：古代驾车的马若是三匹或四匹，就有骖、騑之分。中间驾辕的马叫騑，两旁的马叫骖。一说服左边的马叫骖，服右边的马叫騑。泛指套在车前左右两侧的马。㉝ 涂不芸：涂，通"途"，道路。芸，通"耘"，清除杂草，这里指修整。㉞ 衣帛：穿着丝织品。㉟ 至：（达到）极点。㊱ 负其子而汲（jí）者：背着孩子从井里打水。

负，背着。汲，从井里打水。㊲ 队：通“坠”，跌落。㊳ 道：通“导”，援引，这里指援救。㊴ 重其子此疚于队：这一句文字疑有错落，应为“此疚重于队其子”。疚，忧苦，内心痛苦。㊵ 善：相对于“凶”而言，指年成好。㊶ 何常此之有：常，长久，经久不变。此，指上文民之“仁且良”或“吝且恶”的性情。㊷ 疾：当作“寡”，少。㊸ 反：反省（生产是否适时）。㊹ 先民以时生财：古代的贤人按农时生产财富。先民，古代的贤人。㊺ 固本：巩固根本。古时以农业为本。

今译

但凡五谷，是百姓所依赖的，也是国君用以给养的东西。所以如果百姓失去了依赖，那么国君也就失去了给养之物；百姓没有食物，就不可驱使了。所以粮食不能不致力于生产，土地不能不尽力耕作，财用不可不奉行节约。五谷全部丰收，那么国君就可尽情享用，五谷不尽收，那国君就不尽用。一谷无收叫作馑，二谷无收叫作旱，三谷无收叫作凶，四谷无收叫作匮，五谷无收叫作饥。

遇到馑年，做官的自大夫以下都减去俸禄的五分之一；旱年，减去俸禄的五分之二；凶年，减去俸禄的五分之三；匮年，减去俸禄的五分之四；饥年，免去全部俸禄，只能从国家粮库中领取口粮罢了。所以国家遇到凶饥之年，国君撤掉鼎食的五分之三，大夫停止欣赏音乐，读书人就不上学读书，国君的朝服不再更换新衣；对于诸侯的客人、邻国的使者，款待他们的饮食都不丰盛；撤掉车前左右两侧的马，道路不加以修整，马匹不喂养谷物，婢妾不穿丝绸的衣服，这些都是表明（粮食的）匮乏已经严重到了极点。

现在有一人背着孩子到井边打水，（不慎）把孩子掉到井里，这位母亲一定会赶紧救孩子。现在遇到凶年，百姓饥饿，路上有饿死的人，这种忧苦比孩子掉入井中更为严重，怎么可以不明察呢？所以收成好的时候，老百姓就仁厚驯良；遇到凶年时，老百姓就吝啬凶恶；百姓的性情怎么会是长久不变的呢！耕作的人少，吃饭的人多，就不可能有丰年。所以说："财用不足就要反省生产是否适时，粮食不足就要反省是否注意了节用。"所以古代的贤人按农时生产财富，巩固根本，节省开支，财用自然就充足。

原文

故虽上世之圣王，岂能使五谷常收，而旱水[46]不至哉？然而无冻饿之民者，何也？其力时急[47]，而自养俭也。故《夏书》[48]曰"禹七年水"，《殷书》[49]曰"汤五年旱"。此其离[50]凶饿甚矣，然而民不冻饿者，何也？其生财密，其用之节也。故仓无备粟，不可以待凶饥。库无备兵[51]，虽有义不能征无义。城郭不备全，不可以自守。心无备虑，不可以应卒[52]。是若庆忌无去之心，不能轻出[53]。

夫桀无待汤之备，故放[54]；纣无待武之备，故杀[55]。桀纣贵为天子，富有天下，然而皆灭亡于百里之君者[56]，何也？有富贵而不为备也。故备者国之重[57]也，食者国之宝也，兵者国之爪也，城者所以自守也，此三者国之具也。

故曰：以其极赏[58]以赐无功，虚[59]其府库以备车马衣裘奇怪[60]，苦其役徒[61]以治宫室观乐[62]，死又厚为棺椁[63]，多为衣裘，生时治台榭[64]，死又修坟墓，故民苦于外，府库单[65]于内，上不厌[66]其乐，下不堪[67]其苦。故国离寇敌则伤，民见[68]凶饥则亡，此皆备不具之罪也。且夫食者，圣人之所宝也。故《周书》[69]曰："国无三年之食者，国非其国也；家无三年之食者，子非其子也[70]。”此之谓国备。

注解：㊻旱水：旱灾与水灾。㊼力时急：努力耕作，时机抓得紧。㊽《夏书》：指记载夏代史事的书。㊾《殷书》：指记载商代史事的书。㊿离：通“罹”，遭受。下同。51兵：兵器。52卒：通“猝”，突然。53是若庆忌无去之心，不能轻出：春秋末年，吴国国王阖闾为夺取王位，派专诸刺杀了王僚；此后又派刺客要离装成逃奔的样子到卫国去，将王僚之子庆忌骗出卫国，在渡河时将他刺死，从此阖闾坐稳了自己的江山。54桀无待汤之备，故放：夏桀缺少抵御商汤的准备，因此被打败，并流放到南巢。待，御敌。55纣无待武之备，故杀：商纣王缺少抵御周武王的准备，因此被打败后自杀而死。56百里之君者：指小国之君。据说商汤王原来只有方圆七十里疆土，周文王只有方圆一百里疆土。57重：重要的事情。58极赏：最高的赏赐。59虚：空，用尽。60奇怪：珍稀的玩物。61役徒：服劳役者。62观乐：指可供观赏玩乐之物。63棺椁(guān guǒ)：棺材和套棺（古代套于棺外的大棺），泛指棺材。64台榭：台和榭。亦泛指楼台等建筑物。65单：通“殚”，竭尽。66厌：通“餍”，满足。67堪：能（忍受）。68见：遭受。69《周书》：记载周代典章史实的书籍。70子非其子也：意为将出现卖儿卖女的现象。

今译

所以，即使是上古的圣王，难道就能让五谷永远丰收，并且旱涝灾害都不降临吗？但（他们那时）却无受冻挨饿之民，这是为什么呢？这是因为他们努力按时耕种，并自奉俭朴。《夏书》说：“禹时有七年水灾。”《殷书》说：“汤时有五年旱灾。”那时遭受的凶荒非常严重，然而老百姓却没有受冻挨饿的，这是为什么呢？因为他们生产的财用多，而且使用很节俭。所以，粮仓中没有储备足够的粮食，就不能防备凶年饥荒；兵库中没有储备足够的武器，即使是有义之师也不能去征讨无义之国；内外城池若不完备，不可以自行防守；心中没有防御的考虑，就不能应付突然的变故。这就好像庆忌(如果)没有离开卫国的准备，就不该轻易出卫国一样。

桀没有防御汤的守备，因此被放逐；纣没有防御周武王的守备，因此被杀。桀和纣贵为天子，富有天下，然而都被方圆百里的小国之君所灭，这是为什么呢？(是因为)他们虽然富贵，却不做好防备。所以防备是国家最重要的事情。粮食是国家的珍宝，兵器是国家的利爪，城池是用来自我守卫的：这三者是一个国家所必须具备的。

所以说：用最高的奖赏赐给无功之人，耗尽国库中的财富来置备车马、衣裘和珍稀的玩物，使服役者受尽苦难，去建造宫室和玩乐之所，死后又做厚重的棺椁，制很多衣服。活着时修造台榭，死后又修造坟墓。因此，百姓在外受苦，国库内财富耗尽，上面的君主不满足自己的享受，下面的民众不堪忍受自己的苦难。所以，国家遇到敌寇就受损伤，民众遭到凶饥就死亡，这都是不做好防备的罪过啊。并且粮食也是圣人当作珍宝的。所以《周书》说："国家若不储备三年的粮食，就不可能成为这一君主的国家了；家庭若不储备三年的粮食，子女就不能做这一家的子女了。"这就叫作"国备"(国家的根本贮备)。

释义

《七患》讲的是国家的七种祸患，即影响到国家发展和存亡的七个方面的问题：一是不加强国防等基础设施建设，却在宫室庭院的建造上大量投入；二是遇到了敌国侵犯，却没有友邦伸出援助之手；三是耗费民力在没有用的地方，把钱财赏赐给没有用的人，无谓地浪费财力和人力；四是当官的以俸禄为先，预备当官的结党营私，正直的官员在朝廷上不敢讲话；五是国君自作聪明、不过问政事，自以为国家强大却不加强国防，明明别的国家都虎视眈眈望着自己了，却不防备；六是信任的下级不忠诚，忠诚的下级又得不到信任；七是种的粮食不够吃，官员们不能承担治理国家的重任，赏赐与惩罚起不到鼓舞和威慑的作用。这七个问题，涉及内政、外交、国防、经济、人事等各方面，如果不能妥善解决，国家就有灭亡的危险。所以墨子说："以七患居国，必无社稷；以七患守城，敌至国倾。"

墨子在陈述"七患"之后，集中笔墨讲粮食储备的问题。这是七患中最根本和最重要的问题。因为农业是社会的基石，五谷食粮，是"民之所仰也，君之所以为养也"。古时的当政者十分关注农耕，农事兴则天下兴，农事若出了问题，会引发一系列社会动乱。

对如何应对灾荒，确保天下安全，墨子提出了自己的建议：一、根据灾荒的不同程度，不同级别的官员要克扣俸禄；二、在丰年时未雨绸缪，节省开支，储备充足。

在谈了粮食储备之后，墨子又作了进一步引申。"食者国之宝也，兵者国之爪也，城者所以自守也。"这三样是治理国家、保护国家的工具，都要做到有备而无患。当然，还有最主要的是思想上的"备"，就是要生于忧患，居安思危。

总结墨子本篇的意思，最主要是一个"备"字，虽有七患，有备则可以无患。这个备，首要的是粮食储备，这是国家生存的物质基础；其次是心备，就是要在心理、在思想上时刻准备，对各种祸患考虑在先，未雨绸缪；再次是人备，就是要有足以安邦兴国的官员，有足以抵御外侮的将士；最后是防备，就是城防设施的建设。墨子仔细地叮嘱人们，要仓有备粟，库有备兵，心有备虑，城有备守。做到上述这些，则国家无患。

备城门（节选）

原文

禽滑厘[①]问于子墨子曰："由圣人之言，凤鸟之不出[②]，诸侯畔殷周之国[③]，甲兵[④]方起于天下，大攻小，强执弱，吾欲守小国，为之奈何？"

子墨子曰："何攻之守[⑤]？"

禽滑厘对曰："今之世常所以攻者：临[⑥]、钩[⑦]、冲[⑧]、梯[⑨]、堙[⑩]、水[⑪]、穴[⑫]、突[⑬]、空洞[⑭]、蚁傅[⑮]、轒辒[⑯]、轩车[⑰]，敢[⑱]问守此十二者奈何？"

子墨子曰："我城池修，守器具[⑲]，推粟足[⑳]，上下相亲，又得四邻诸侯之救，此所以持[㉑]也。且守者虽善，则犹若不可以守也。若君用之，守者又必能乎守[㉒]者，不能而君用之，则犹若不可以守也。然则守者必善而君尊用之，然后可以守也。"

凡守围城[㉓]之法，厚以高[㉔]，壕池[㉕]深以广，楼撕揗[㉖]，守备缮利[㉗]，薪食足以支三月以上，人众以选[㉘]，吏民和，大臣有功劳于上者多，主信以义，万民乐之无穷。不然，父母坟墓在焉[㉙]。不然，山林草泽之饶足利。不然，地形之难攻而易守也。不然，则有深怨于适[㉚]而有大功于上。不然，则赏明可信而罚严足畏也。此十四者具，则民亦不宜[㉛]上矣，然后城可守。十四者无一，则虽善者不能守矣。

注解：① 禽滑厘：墨子弟子。② 凤鸟之不出：凤鸟即凤凰，传说中为祥瑞之鸟，见则天下安定。凤凰不出，意指天下不再安定。③ 诸侯畔殷周之国：畔，通“叛”，背叛。殷周之国，殷商和周朝，指天子之国。④ 甲兵：铠甲和兵器，这里指代战争。⑤ 何攻之守：守何攻，防御什么方式的进攻。⑥ 临：用居高临下的方式来攻城的器具或建筑。⑦ 钩：钩梯，用以爬高的攀援器械。⑧ 冲：冲车。古代用以冲城攻坚的战车，头部以铁制成，可撞击城门等设施。⑨ 梯：云梯。下文有《备梯》一篇。⑩ 堙(yīn)：堆成的土山。距堙，靠近敌城筑起的土丘，用以观察城内虚实，并可登城。一说为填塞护城河。⑪ 水：决水淹城。⑫ 穴：掘穴坏城。⑬ 突：与穴近似。可能是为烟熏对方而挖的地道。一说为突袭城下。⑭ 空洞：与穴近似。具体所指已不可考。一说为在城墙上挖洞以攻城。⑮ 蚁傅：士兵像蚂蚁一样密集爬城。傅，通“附”，附着。⑯ 轒辒(fén wēn)：古代用于攻城的大型木制战车。上蒙牛皮，下面可容十数人，往来运土以填平敌人的城壕。⑰ 轩车：古代用以瞭望的战车。下有轮可移动，车上高悬板屋用以窥城，又名望楼车，巢车。⑱ 敢：谦辞，“不敢”的简称，冒昧的意思。⑲ 具：具备。⑳ 推粟足：推，疑为“樵”之误。樵粟即薪食。柴薪粮食丰足。㉑ 持：持久坚守。㉒ 能乎守：有守城方面的才能。乎，于。㉓ 围城：被围住的城。㉔ 厚以高：（城墙）又厚又高。㉕ 壕池：壕沟与护城河。㉖ 楼撕揗(xún)：高出城上用以瞭望敌情的高楼。撕，楼。揗，槛栏。㉗ 守备缮利：防守器械精修好用。㉘ 人众以选：人数众多，而且都是精挑细选出来的。㉙ 焉：于此，在这里。㉚ 适：当为“敌”之误。㉛ 宜：当为“疑”之误。

今译

禽滑厘问墨子说："根据圣人的说法，现在凤鸟不出（天下不再安定），诸侯背叛天子的统治，战争正兴起于天下，大国攻打小国，强国攻打弱国。我想为小国防守，应怎么做呢？"

墨子说："防御什么方式的进攻呢？"

禽滑厘回答说："现在世上常见的用来攻城的方法有：居高临攻、钩梯攻城、冲车攻城、云梯攻城、填塞城沟、决水淹城、掘穴攻城、突袭城下、城墙挖洞、像蚂蚁一般密集爬城、使用蒙上牛皮的四轮车运土填埋城壕、使用可供瞭望的战车用以窥城。请问若要防守这十二种攻城法应怎么做呢？"

墨子说："我方城池修固，守城的器械具备，柴薪粮草充足，上下相亲，又得到四邻诸侯的救助，这些就是用来持久坚守的条件。守城的人即使很厉害（可国君不重用他），那么仍然不可防守。如果国君用他，防守的人一定是有守城方面的才能；如果他没有这方面的才能而国君重用他，那也是不能防守的。既然这样，那么守城的人必须有能力，而国君又重用他，这样才可以防守得住。"

凡是守住被围之城的方法不外乎：（城墙）又厚又高，壕沟又深又宽，瞭望塔修得好，防守器械精修好用，柴薪粮草足以支持三月以上，防守的人多而且精挑细选，官吏和民众和睦，为国家建立功劳的大臣多，国君讲究信用和仁义，万民乐于永远为他效劳。如果不是这样，就应有父母的坟墓在这里，或者有富饶肥沃的山林草泽，或者是地形难攻易守，或者是（守者）对敌人有深仇大恨而对君主有大功，或者是奖赏明确可信，惩罚严厉可怕。这十四个条件具备，那么民众就不会怀疑君主，城池才可以守住。这十四个条件一个也没有，那么即使防守的人再有能力也守不住啊！

释义

墨子战争中的积极防御战思想，主要集中表现在《墨子》一书中的城守各篇。《备城门》是城守各篇的首篇，讲的是城门备战。这大概是因为城门防守在整个守城防御战中首当其冲，占有特别重要的地位。当时的军事形势如文中禽滑厘所说的是大国攻打小国，强国攻打弱国。墨子以其抑强扶弱的侠义心肠，站在守卫小国扶植弱国的立场上，最大限度地利用小国弱国的人力物力，采取政治、经济、军事、外交等多种手段，最大限度地削弱敌方的有生力量，以争取小国弱国防御战的胜利。

文中提到攻城的战法多至十二种，那么怎样才能守住城池而不为敌人攻克呢？第一条当然是国防设施坚不可摧，除此以外粮草充足，上下一心，而且还要有四邻施以援手。对城门的守卫者，墨子提出了具体要求，有能力、被重用两个方面缺一不可。为了能长期坚守，更有详尽的“十四条”来补充说明。认清了这些条件，民众就会有守城的必胜信念，从而打败围城之敌。

城门备战还详细研究了诸如城门的安装，筑城工具的准备，城上屏障的设置，大城的闺门、郭门，堑壕上的板桥，附城上的耳楼，发箭用的转射机，以及兵力、武器和各种器械的配置等，颇能代表墨家的技术水平和智慧特色。文中还广泛记述了城防战中战术布置和物资器械准备的各个方面，巨细无遗。《备城门》称得上是我国古代军事著述中，在城池防守方面最为详备的文字。

备梯(节选)

原文

禽滑厘子事[1]子墨子三年，手足胼胝[2]，面目黧黑[3]，役身给使，不敢问欲[4]。子墨子其哀之[5]，乃管酒块脯[6]，寄于大山[7]昧菜[8]坐之，以樵[9]禽子。禽子再拜[10]而叹。

子墨子曰："亦何欲乎？"禽子再拜再拜曰："敢问[11]守道？"

子墨子曰："姑亡[12]，姑亡。古有其术者，内不亲民，外不约治[13]，以少间[14]众，以弱轻强，身死国亡，为天下笑。子其慎之，恐为身薑[15]。"

禽子再拜顿首[16]，愿遂问[17]守道，曰："敢问客众而勇，烟资吾池[18]，军卒并进，云梯既施，攻备已具，武士又多，争上吾城，为之奈何？"

子墨子曰："问云梯之守邪？云梯者重器也，其动移甚难。守为行城[19]，杂楼相见[20]，以环其中，以适广陕[21]为度，环中藉幕[22]，毋[23]广其处。行城之法，高城二十尺，上加堞[24]，广十尺，左右出巨[25]各二十尺，高、广如行城之法。为爵穴[26]、辉鼠[27]，施答[28]其外，机[29]、冲[30]、钱[31]、城[32]，广与队等[33]，杂其间以镌[34]、剑，持冲十人，执剑五人，皆以有力者。令案目者视适[35]，以鼓发[36]之，夹而射之，重而射，披机藉之[37]，城上繁下矢石沙炭以雨[38]之，薪火、水汤[39]以济[40]之。审赏行罚，以静为故，从之以急，毋使生虑[41]。若此[42]，则云梯之攻败矣。”

注解：① 事：侍奉。② 胼胝(pián zhī)：手掌或足底因长期摩擦而生的厚皮，俗称老茧。③ 黧(lí)黑：脸色黑。④ 不敢问欲：不敢问想问的事情。⑤ 其哀之：对……感到十分怜悯。其，当作“甚”字。⑥ 管酒块脯(fǔ)：管酒，用竹管盛酒。块，通“怀”，怀揣。脯，干肉。⑦ 寄于大山：寄，通“至”。大山，即泰山。⑧ 昧菜：昧，通“篾”，薄竹片。菜，通“茅”。两者皆可做席。篾茅，泛指席子。⑨ 樵：通“醮(jiào)”，没有劝酒，回敬等仪式，简单地喝酒。⑩ 再拜：拜了两拜。⑪ 敢问：谦辞，“不敢问”的简称，冒昧问一下的意思。⑫ 姑亡：此句意为暂且不要问守城之法。亡，通“无”。⑬ 约治：相约行事，这里指结交诸侯。⑭ 间(jiàn)：隔开，此指疏远。⑮ 薑：同“僵”。⑯ 顿首：磕头，叩头下拜。⑰ 遂问：得以问。遂，最终。⑱ 烟资吾池：填塞了我方的护城河。烟，通“堙”，以土填埋。资，通“赍”，这里指用草填埋。池，护城河。⑲ 行城：城上加筑的临时城台。⑳ 见：通“间”，间隔。㉑ 陕：通“狭”。㉒ 藉幕：遮幕。㉓ 毋：不要。㉔ 堞(dié)：城上如齿状的矮墙。㉕ 巨：通“距”，距离。㉖ 爵穴：城堞上的孔穴。其大仅可容雀，故名。爵，通“雀”。一说，爵，通“爝”。爵穴为纳火的小洞。㉗ 辉鼠：小洞穴，以仅够老鼠容身来形容其小。辉，通“熏”。㉘ 荅：厚(的东西)，一说为草帘。㉙ 机：即下文的技机。㉚ 冲：用来冲撞的器械。㉛ 钱：当作“栈”，即行栈，竹木编成。㉜ 城：即行城。㉝ 广与队等：广度与敌人进攻队伍展开长度相等。等，齐。㉞ 镌：凿子。㉟ 案目者视适：用视力最好的士兵观察敌人。案，同“按”。案目者，能定睛远观的人。适，当作“敌”。㊱ 发：发出(信号)。㊲ 披机藉之：借助技机。披机，即技机，精巧的机器。藉，通“借”，借助。㊳ 雨

(yǔ)：(像)下雨。㊴ 汤：热水。㊵ 济：增加。㊶ 毋使生虑：此句意为赏罚严明，务求镇静，但又须在紧急状态下果断行事，不要优柔寡断。虑，忧也。㊷ 若此：像这样。

今译

禽滑厘侍奉墨子三年，手脚都长了老茧，脸色黝黑，把自己当作奴役给墨子驱使，(却)不敢问墨子自己想要问的事。墨子对他感到十分怜悯，于是用竹管盛酒，怀揣干肉，到了泰山，铺上茅草席坐在上面，请禽滑厘喝酒。禽子拜了又拜而感叹。

墨子说："你有什么想问的吗？"禽滑厘又行了两次再拜礼，说道："(我想)冒昧地问一下守城的方法。"

墨子回答说："暂且不要问，暂且不要问。古代有懂得守城方法的人，但对内不亲抚百姓，对外不缔结诸侯，自己兵力少却疏远兵力多的国家，自己力量弱却轻视强大的国家，(结果)丧命亡国，被天下人耻笑。你应当谨慎对待这件事，我担心(你懂得守城之法后)反而思想僵化(招致灾祸)。"

禽滑厘拜了两拜又伏地叩头，希望得以问防守城市的办法，说："我还是冒昧地问一下，如果敌方兵士众多又勇猛，堵塞了我方护城河，(而且他们)军士一齐进攻，攻城的云梯架起来了，进攻的武器也已经准备好了，敌方的武士又多，争先恐后爬上我方城墙，该怎样对付他们呢？"

墨子回答说："你问的是对付云梯的防守办法吗？云梯是重型的攻城器械，移动十分困难。守城的人可在城上加筑临时城台，再造杂楼相互间隔，将自己环绕在里面，(临时城台和杂楼之间)要保持适当的距离，两者之间要拉上遮幕，因此距离不宜过宽。造临时城台的方法是：高出原城墙二十尺，上面加上齿状的矮墙，宽十尺，左右两边伸出的距离各二十尺，高度和宽度依照临时城台的建造方法。在矮墙下部开凿名叫“爵穴”“辉鼠”的小孔，孔外用厚的东西遮挡起来。（供投掷的）技机、（抵挡冲撞的）冲撞车、（供救援用的）行栈、（临时用的）行城等器械，广度与敌人进攻队伍展开长度相等。各器械之间再安排持凿和持剑的士兵，其中掌冲车的十人，持剑的五人，都是大力士。用视力最好的士兵观察敌人，用击鼓发出号令，两边夹击而射，或重点集射一处，或借助技机向敌人投掷，从城上像下雨一般密集投掷箭、石头、沙砾、灰土等，再加上火把以及热水。同时赏罚严明，处事镇静，但又要在紧急状态下果断行事，不要优柔寡断。像这样防守，云梯的攻城法就被打败了。”

释义

本篇讲解针对云梯进攻的守城方法。《公输》篇中曾讲道：公输盘为楚王造云梯，想要攻打宋国，被墨子以道义、辩才和防守法制止。究竟墨子用怎样的对策挫败了公输盘的云梯攻法呢？《公输》篇并未明说，阅读本篇，便可明了。

这里墨子首先指出了云梯作为攻城用器械的缺点：这是重型器械，移动困难。至于对付云梯的办法，大体略同于对付敌人筑土为山以攻城，同样是于原城之上新筑行城，不同之处是不用连弩，而是用“技击”投掷，矢、沙、石、灰如雨下。士兵们还必须临危不乱，当机立断。这样，人与“器”相应相和，“则云梯之攻败矣”。

值得一提的是本篇开头对禽滑厘外貌举止的描写，让我们从一个“手足胼胝，面目黧黑”的墨家弟子身上领略到墨家身体力行，不避勤苦，严于自律的义士风范。

杂守（节选）

原文

使人各得其所长，天下事当[①]；钧其分职[②]，天下事得；皆其所喜，天下事备[③]；强弱有数，天下事具矣。

……

有谗人[④]，有利人[⑤]，有恶人，有善人，有长人[⑥]，有谋士，有勇士，有巧士[⑦]，有使士[⑧]，有内人[⑨]者，外人[⑩]者，有善人者，有善门[⑪]人者，守必察其所以然者，应名[⑫]乃内[⑬]之。民相恶[⑭]，若议吏[⑮]，吏所解，皆札书[⑯]藏之，以须告之至以参验[⑰]之。睨者[⑱]小五尺不可卒[⑲]者，为署吏[⑳]，令给事[㉑]官府若舍。

注解：① 当：妥当。② 钧其分职：各负其责，职责均衡。钧，通“均”，均衡。分职，职分，职责。③ 备：完备。④ 谗人：谄佞之人。⑤ 利人：好利之人。⑥ 长人：具有专长之人。一说为高个子。⑦ 巧士：擅长某种技艺的人。⑧ 使士：奉使之人。又疑当作“信士”。⑨ 内人：能容人之人。内，通“纳”，接纳包容。⑩ 外人：与“内人”相对，不能容人之人。⑪ 门：当作“斗”。⑫ 应名：名实相应，名副其实。⑬ 内：通“纳”，接纳包容。⑭ 相恶：交恶，彼此仇恨。⑮ 若议吏：若，或。议吏，这里指对官吏提出控告。⑯ 札书：公文。札，当为“礼”之误。⑰ 参验：参考验证。⑱ 睨（nì）者：身材矮小的人。⑲ 卒：当兵。⑳ 署吏：办理公务的官员。

㉑ 给(jǐ)事:供职。

今译

让人们各尽所长,天下的事情就能办妥;各负其责,职责均衡,天下的事情就能办好;分派的工作都是各人所爱,天下的事情就完备了;强弱有定数,天下的事情就没有遗漏了。

……

世上有谄佞之人,有好利之人,有恶人,有善人,有具有专长的人,有谋士,有勇士,有擅长某种技艺之人,有可以奉使之人,有能容人之人,有不能容人之人,有善于待人的人,有善于战斗的人,守城将领必须要考察他们为何具备那种品性或特长,名副其实的便接纳使用。百姓们彼此仇恨,或对官吏提出控告及官吏的解释,都要用公文(记录下来)并保管好,到时必须宣告以便参考验证。那些身高不到五尺的不能当兵的矮小之人,就让他们担任办理公务的官员,或者让他们在官府和官员家里供职。

释义

《杂守》是墨子防御战思想的最后一篇,由题目可知本篇主要是讲解进行守城战时的若干零碎但不可忽视的细节,包括如何派遣侦察队、如何根据敌情燃举烽火、如何安排口粮及如何收集存放金属器皿木材等,可以说一无所遗。

节选部分反映的是墨子的用人思路。墨子主张在守城战斗的非常时期,理应全民皆兵,使人各得其所长。尽管个人特质不一,但只要兼收并蓄,人尽其才,那么每个人都将各尽其力。也就是说,非常时期要采取开明宽容的用人政策,组织好抗战守城的千军万马,有的人在一线奋力防守,有的人在后方全力配合。人与人之间的矛盾申诉等都要记录在案,有备查考。越是战乱,越要体现临危不乱。这些都是关乎“天下事当”“天下事得”“天下事备”的重要因素。由此我们也能发现墨子防御战思想中谨慎、稳重的特点,当然还有其“尚贤”主张的渗透。

第七单元

墨经·逻辑

“墨经”，晋人鲁胜的《墨辩注序》称其为“墨辩”“辩经”，本指《墨子》中的《经上》《经下》和《经说上》《经说下》四篇文字；近世学者也有将《大取》《小取》合入上述四篇而一并称之。墨经是《墨子》一书中形式颇为特殊，内容最为丰富，文字衍、脱、讹误较多和解读难度最大的部分。尽管其文字深奥难解，但各家的注疏基本一致，其内容本身是毋庸置疑的。墨家学派形成后，开辟了中国的“格致之学”。

据《中国思想通史》第一卷统计，墨经讲逻辑的最多，占第一位。墨家逻辑学又被称为辩学。在中国古代逻辑史上，墨子是自觉地认识到思维形式、思维方法和思维规律的重要性的，并将思维形式作为自己的研究对象，第一个写出具有体系的逻辑学说的思想家。本单元所举的三表法、关于“类”的阐释以及墨家的逻辑纲要《小取》将带领我们初步进入概念的世界，认识思维的法则。

“三表法”

“关于‘类’”

小取

“三表法”

原文

然则明辨此之说将奈何哉？子墨子言曰：必立仪[①]，言而毋[②]仪，譬犹运钧[③]之上而立朝夕者[④]也，是非利害之辨，不可得而明知也。故言必有三表[⑤]。何谓三表？子墨子言曰：有本[⑥]之者，有原[⑦]之者，有用[⑧]之者。于何本之？上本之于古者圣王之事。于何原之？下原察百姓耳目之实。于何用之？废[⑨]以为刑政，观其中[⑩]国家百姓人民之利。此所谓言有三表也。

——《非命上》

注解：① 仪：标准，准则。② 毋：通“无”。③ 运钧：转动的陶轮。运，转动。钧，制陶器用的轮盘。④ 朝夕者：测量时间的仪器。⑤ 表：即仪，准则，法度。⑥ 本：考察本源。⑦ 原：推断，考察。⑧ 用：实践。⑨ 废：通“发”，显现。⑩ 中：符合。

今译

既然这样，那么要明确辨析这些话将通过怎样的方法呢？墨子说：必须订立准则。说话没有准则，好比在转动的陶轮之上，放立测量时间的仪器，（对于）是非利害的区别，是不可能明确了解的。所以言论必定有三条标准。三条标准是什么呢？墨子说:“有察本的,有推究的,有实践的。”如何考察本源?要向上追溯古时圣王事迹。如何推究呢?要向下考察百姓所见所闻的实情。如何实践呢?要把它显现于刑法政令,观察它是否符合国家百姓人民的利益。这就是言论有三条标准的说法。

释义

墨子的“三表法”,可称为“三表”或者“三法”,表或法在这里都是原则、标准之义,联系起来就是三个判断的标准或原则。此说来自墨子《非命上》。

要证明自己的主张正确并让别人相信其正确,言“必立仪”,即首先要确定一个共同的标准,这就是“有本之者,有原之者,有用之者”的“三表”。第一表,也就是第一项原则,便是“言必有据”。这个依据就是古代圣王的事迹——“上本之于古者圣王之事”。治国之道当以史为鉴,“古者桀之所乱,汤受而治之;纣之所乱,武王受而治之。此世未易,民未渝,在于桀纣则天下乱,在于汤武则天下治”,由此证明“有命”说是错误的。第二表,也就是第二项原则,便是“言必据实”。这个“据实”,就是百姓的实际情况——“下原察百姓耳目之实”。“我所以知命之有与亡者,以众人耳目之情知有与亡。有闻之,有见之,谓之有;莫之闻,莫之见,谓之亡。然胡不尝考之百姓之情?自古以及今,生民以来者,亦尝见命之物,闻命之声者乎?则未尝有也。”(《非命中》)根据第二表也证明了“有命说”是错误的。第三表,也就是第三项原则,“言必有利”。这个原则接近于我们现在所提倡的“实践是检验真理的唯一标准”——“废以为刑政,观其中国家百姓人民之利”:“今也农夫之所以蚤出暮入,强乎耕稼树艺,多聚叔粟,而不敢怠倦者,何也?曰:彼以为强必富,不强必贫;强必饱,不强必饥,故不敢怠倦。”如果相信了“有命”说,如此行政,那就“农夫必怠乎耕稼树艺矣,妇人必怠乎纺绩织纴矣”(《非命下》)。这必然导致衣食不足,祸乱丛生,甚至社稷倾覆。第三表同样证明了“有命”说的谬误。由此墨子得出了结论:“命者,暴王所作,穷人所术,非仁者之言也。今之为仁义者,将不可不察而强非者此也。”(《非命下》)因此他要大声疾呼加以反对。

墨子只是在《非命》篇中提出了用以证明“有命”说之是非信否的三表法,但实际上,正如《中国思想通史》第一卷所指出的,“他用这一仪法普遍地解析事理,如明鬼、非攻、非乐、兼爱”。三表法是应该充分肯定的,因为它重视历史的经验,重视社会的实际,更认识到实践的效用,把是否符合百姓之利作为考查的标准,强调“事”“实”“利”对检验认识的决定作用,这是一种朴素唯物主义经验论的真理观。

“关于‘类’”

原文

(1) 子未察[1]吾言之类[2],未明[3]其故[4]者也。(《非攻下》)

(2) 入人之国而与[5]人之贼,非义之类[6]也。(《非儒下》)

(3) 义不杀少而杀众,不可谓知类[7]。(《公输》)

(4) 臣以三事之攻宋也,为与此同类[8],臣见大王之必伤义而不得。(《公输》)

注解：① 察：察明分清。② 类：分类区别。③ 明：明白。④ 故：缘故。⑤ 与：结交。⑥ 类：种类，这里有本质之意。⑦ 类：类推。⑧ 类：类型。

今译

(1) 您没有搞清我说法的分类区别，不明白其中的缘故。

(2) 进入别国，而与叛贼结交，不符合义的本质。

(3) 你奉行义，不去杀那一个人，却去杀害众多的百姓，不可说是知道类推。

(4) 我从这三方面的事情看，楚国进攻宋国，与有偷窃病的人同一种类型，我认为大王您如果这样做，一定会伤害了道义，却不能据有宋国。

释义

在被认为是墨子或前期墨家的作品中，作为逻辑学类概念的“类”字，总共出现了五次，其中在《非攻下》出现的两次，为同语重出，所以实际上有四次。

“类”概念的发现，建立于人们对事物有了本质认识的基础之上，才有可能。同类即本质相同的事物，它的存在形式往往是纷繁复杂的。论辩中的墨子和墨家，为了宣传自己的主张，驳斥论敌或释疑解惑，必须抓住事物的本质，才有可能在立论或批驳中，以逻辑的力量折服对方，赢得信仰者，由此而有“类”概念的确立运用。上引《墨子》各篇文字中类概念的提出和运用，都是如此。

以《非攻下》为例，“非攻”的主旨是反对不义的战争但又并非反对一切战争，可是不同类别也即不同性质的战争，在其存在形式上又有着共同的方面。因此，在墨子广取例证宣传“非攻”

时，那些“好攻伐之君”便举出例证反诘墨子道：“昔者禹征有苗，汤伐桀，武王伐纣，此皆立为圣王，是何故也？”他们以夏禹、商汤和周武王这些圣王的攻伐征战来证明自己进行战争的合理性。墨子回答道：“子未察吾言之类，未明其故者也。彼非所谓攻，谓诛也。”——你没有分清我所说的战争的不同类别，不明白其中的缘故。禹、汤、武王的讨伐，不是我所说的“攻”，而是“诛”。以战争有不同类别的区分，驳斥了“好攻伐之君”，宣传了“非攻”。这从逻辑学的角度说，就是认识事物必须要有类概念的确立，必须“察类”和“知类”，这样才会不混淆事物的界线，才能认识事物的本质，也才能获得真知。其他在《非儒下》和《公输》中，也都以“察类”“知类”基础上的类概念运用，抓住了事物的本质，辩而取胜。在《墨子》书中传为墨子所作各篇，虽未直接道及“类”字，然都广泛存在着类概念具体运用的事例，用来明是非，分善恶，别异同和定取舍。因此《中国思想通史》第一卷中说：“墨子的逻辑思想，即是依据着类概念的类推方法，而这一方法就是墨子所到处运用的辩诘术的灵魂。”

小　取

原文

夫辩者①，将以明是非之分，审治乱之纪②，明同异之处，察名实③之理，处④利害，决嫌疑⑤。焉摹略万物之然⑥，论求群言之比⑦。以名举实⑧，以辞抒意⑨，以说出故⑩。以类取⑪，以类予⑫。有诸己不非诸人⑬，无诸己不求诸人[14]。

或也者，不尽也[15]。假者，今不然也[16]。效者，为之法也[17]；所效者，所以为之法也[18]。故中效[19]，则是也；不中效，则非也，此效也。辟[20]也者，举他物而以明之也。侔[21]也者，比辞而俱行[22]也。援[23]也者，曰："子然[24]，我奚独不可以然也？"推[25]也者，以其所不取之，同于其所取者，予之也。是犹谓[26]也者同也。吾岂谓[27]也者异也。

夫物有以同而不率遂同[28]。辞之侔[29]也，有所至而正[30]。其然也，有所以然[31]也。其然也同，其所以然不必[32]同。其取之也，有所以取之。其取之也同，其所以取之不必同。是故辟、侔、援、推之辞，行而异，转而危[33]，远而失，流而离本[34]，则不可不审也，不可常用也。故言多方[35]，殊类[36]异故[37]，则不可偏观[38]也。

注解：① 辩：辩论，引申为关于辩的学问，即辩学，中国古代逻辑学。② 审治乱之纪：审查治乱的规律。审，审察。纪，法度，规范。③ 名实：概念与实质。④ 处：判别，权衡。⑤ 决嫌疑：解决疑惑。决，判明，决断。嫌疑，疑问，疑难。⑥ 焉摹略万物之然：于是要探求万事万物本来的样子，意为由现象深入其本质。摹略，反映，概括。然，本来面目。⑦ 论求群言之比：分析、比较各种不同的言论。论求，讨论，探求。群言，各种言论。比，比较（是非利害得失）。⑧ 以名举实：用名称反映事物实质。名，概念，名称。举，列举，反映。实，实体，实质。⑨ 以辞抒意：用言辞表达思想。辞，语句，言辞。抒，表达。⑩ 以说出故：用推论揭示原因。说，推理，论证。故，原因，理由。⑪ 以类取：按类别归纳。类，类别，同类事例。取，选取，采取。⑫ 予：给予，这里指推论。⑬ 有诸己不

非诸人：有诸己，自己赞同某一观点。不非诸人，不反对别人的观点。⑭ 无诸己不求诸人：无诸己，自己不赞同某一观点。不求诸人，不要求别人的附和。⑮ 或也者，不尽也：或，意为“并不都如此”。或，有的。尽，全部。⑯ 假者，今不然也：假，意为“现在不如此”。假，假定，假设。⑰ 效者，为之法也：效，是为事物立个标准。效，效法，遵循。法，标准，法则。⑱ 所以为之法：用它来作为评判是非的标准。⑲ 中效：合乎标准。⑳ 辟：通“譬”，打比方，此指类比推理。㉑ 侔(móu)：相等，此指通过对比从一个判断推导出另一判断，即直言判断。㉒ 比辞而俱行：指两个词义相同的命题可以由此推彼。㉓ 援：援引对方言行以证明自己相似言行的类比推理。㉔ 然：正确。㉕ 推：归谬式的类比推理。㉖ 是犹谓：这就好比说。说明两件事情相似，类比推理常用的连接词。㉗ 吾岂谓：我难道那么说了吗。说明两件事情不相似，对于对方的类比推理进行反驳时常用的连接词。㉘ 物有以同而不率遂同：各种事物有相同的地方，但不会全都相同。有以同，事物在某方面有相同性质。率，全，都。遂，尽，完全。㉙ 侔：相等，对等。㉚ 有所至而正：到一定的限度为止。㉛ 然：事物呈现的某种状态。所以然，事物呈现这种状态的原因本质。㉜ 不必：不一定。㉝ 危：通“诡”，诡辩。㉞ 本：根本。㉟ 方：方式。㊱ 殊类：不同的类。㊲ 异故：不同的理由。㊳ 偏观：片面观察。

今译

辩论，是要用它来分清是非的区别，审察治乱的规律，明确事物的异同之处，考察概念与实质的道理，判别利害，解决疑惑。于是要探求万事万物本来的样子，分析、比较各种不同的言论。用名称反映事物实质，用言辞表达思想，用推论揭示原因。按类别归纳，按类别推论。自己有坚持的观点，不因此而反对别人的观点;自己不赞同某一观点,不因此而要求别人附和。

“或”(的概念),意为“并不都如此”。“假”(的概念),意为“现在不如此”。“效”(的意思),是为事物立个标准,“所效”(的意思),是用它来作为评判是非的标准。所以符合标准,就是对的;不符合标准,就是错的。这就是“效”。“辟”(的概念),是举别的事物来说明这一事物。“侔”(的概念),是两个词义相同的命题可以由此推彼。“援”(的意思),是说“你正确,我为什么偏不可以正确呢?”“推”(的意思),是用对方所不赞同的命题相较于对方所赞同的命题,以此来反驳对方的论点。“是犹谓(这就好比说)”是含义相同。“吾岂谓(我难道说)”,是含义不相同。

各种事物有相同的地方,但不会全都相同。辞义的相等,到一定的限度而止。事物呈现某种状态,有它之所以这样的原因;呈现的形态相同,背后的原因则不一定相同。取其观点,有所以取之的原因;所取观点是相同的,相取的原因则不一定相同。所以辟、侔、援、推这些逻辑概念,运用的方式不同就会发生变化,会转成诡辩,会脱离论题而失去本意,会流于表层而离开根本,这就不能不审察,不能到处搬用。所以,言语有多种不同的表达方式,事物有不同的类,不同的理由,那么,在辩论中就不能片面观察。

原文

夫物或乃是而然[39],或是而不然[40],或一周而一不周[41],或一是而一不是[42]也,不可常用也。故言多方,殊类异故,则不可偏观也。非也。

白马,马也;乘白马,乘马也。骊[43]马,马也;乘骊马,乘马也。获[44],人也;爱获,爱人也。臧[45],人也;爱臧,爱人也。此乃是而然者也。

获之亲，人也；获事其亲[46]，非事人[47]也。其弟[48]，美人也；爱弟，非爱美人[49]也。车，木也；乘车，非乘木也。船，木也；入船，非入木也。盗人，人也；多盗，非多人也；无盗，非无人也。奚以明之？恶[50]我盗，非恶多人也；欲无盗，非欲无人也。世相与共是之[51]。若若是[52]，则虽盗人也，爱盗非爱人也，不爱盗非不爱人也，杀盗非杀人也，无难[53]矣。此与彼同类，世有彼而不自非[54]也，墨者有此而非之，无也故焉[55]，所谓内胶外闭[56]，与心毋空[57]乎，内胶而不解[58]也。此乃是而不然者也。

注解：㊴ 是而然：前提肯定，结论也肯定。㊵ 是而不然：前提肯定，而结论否定。㊶ 一周而一不周：一种说法具普遍性，而一种说法不具普遍性。㊷ 一是而一不是：在一方面是正确的，在另一方面却是不正确的。㊸ 骊：黑。㊹ 获：奴婢。㊺ 臧：奴仆。㊻ 事其亲：侍奉其父母。㊼ 事人：指做别人的奴仆。㊽ 弟：通"娣"，妹妹。㊾ 爱美人：指爱美色。㊿ 恶（wù）：厌恶。51 世相与共是之：世人都认为是正确的。相与，共同，一起。是，"认为……是正确的"之意。52 若若是：如果这些是对的。53 无难：没有什么疑难的。54 不自非：不认为自己是错的。55 无也故焉：没有什么其他缘故。也故即他故。56 内胶外闭：内心固执，对外封闭。57 心毋空乎：心里没有留下一点空地方，意为不能接受外来的意见。58 内胶而不解：内心固执而得不到解脱。

今译

事物有些为"是而然"（前提肯定，结论也肯定），有些为"是而不然”(前提肯定,而结论否定)。有些事物在某一方面具有普遍性,而另一方面却不具普遍性。有些事物在一方面是正确的,而另一方面却是不正确的。不能到处搬用,所以,言语有多种不同的表达方式,事物有不同的类,不同的理由,那么,在辩论中就不能片面观察,(这是)不正确的。

白马,是马;乘白马,是乘马。深黑色的马,是马;乘深黑色的马,是乘马。奴婢,是人;爱奴婢,是爱人。奴仆,是人;爱奴仆,是爱人。这就是“是而然”的情况。

奴婢的双亲,是人;奴婢侍奉她的双亲,不是侍奉人(指做别人的奴仆)。她的妹妹,是一个美人,她爱她的妹妹,不能等同于爱美人(指爱美色)。车,是木头做的;乘车,却不是乘木。船,是木头做的;进入船,不是进入木头。盗人,是人;多盗,并不是多人;没有盗,并不是没有人。凭什么来说明呢?厌恶盗贼多,并不是厌恶人多;希望没有盗,不是希望没有人。世人都认为这是正确的。如果像这样,那么虽然盗是人,但爱盗却不是爱人;不爱盗,并不是不爱人;杀盗,也不是杀人,这没有什么疑难的。这个与前面提出的观点是同类。(然而)世人赞同前面那个观点,从不以为错,墨家提出后一个主张,却遭到非议,没有其他缘故,这不就是内心固执、耳目闭塞与心不空吗?内心固执,得不到解说。这就是“是而不然”的情况。

原文

且夫读书,非好书[60]也。且斗鸡,非鸡也;好斗鸡,好鸡也。且[61]入井,非入井也;止且入井,止入井也。且出门,非出门也;止且出门,止出门也。若若是,且夭,非夭也,寿夭[62]也。有命[63],非命[64]也;非执有命[65],非命[66]也。无难矣。此与彼同类,世有彼而不自非也,墨者有此而罪非之，无也故焉，所谓内胶外闭，与心毋空乎，内胶而不解也。此乃是而不然者也。

注解：⑩ 非好书："书也好读书"5 字脱漏，据胡适校增为"非书也；好读书，好书也。"⑪ 且：将要。⑫ 寿夭：寿终才是夭折。⑬ 有命：指儒家主张的"有命论"。⑭ 非命：（并）不是真的有命（这东西）存在。⑮ 非执有命：反对持有命论的观点。⑯ 非命：反对命（这东西）的存在。

今译

"读书"不等于"书"，"好读书"却等于"好书"。"斗鸡"不等于"鸡"，"好斗鸡"却等于"好鸡"。将要跳入井，不是入井；阻止将要跳入井，就是阻止入井。将要出门，不是出门；阻止将要出门，就是阻止出门。如果像这样，将要夭折，不是夭折；寿终才是夭折。儒家主张"有命论"并不等于真的有命这东西存在，墨家反对有命论的观点，却等于实实在在否定命的存在。这没有什么可疑难的。这个与前面提出的观点是同类。（然而）世人赞同前面那个观点，从不以为错，墨家提出后一个主张，却遭到非议，没有其他缘故，不就是内心固执、耳目闭塞与心不空吗？内心固执，得不到解脱。这就是"是而不然"的情况。

原文

爱人，待周[67]爱人，而后为爱人。不爱人，不待周不爱人，不周爱，因为[68]不爱人矣。乘马，不待周乘马[69]，然后为乘马也。有乘于马，因为乘马矣。逮至[70]不乘马，待周不乘马，而后为不乘马。此一周而一不周者也。

注解：⑥⑦ 周：普遍地。⑥⑧ 因为：因此就成为。⑥⑨ 周乘马：乘遍所有的马。⑦⓪ 逮至：至于。

今译

爱人，要等到普遍爱了所有的人之后，才可以称为爱人。不爱人，不必等到普遍不爱所有的人；因为不普遍爱所有人，已经算是不爱人了。乘马，不必等到乘了所有的马才称为乘马；只要有马可乘，就因此可以称为乘马了。至于不乘马，要等到不乘所有的马，然后才可以称为不乘马。这是“一周而一不周”（一方面具有普遍性而另一方面不具有普遍性）的情况。

原文

居于国，则为居国；有一宅于国，而不为有国。桃之实，桃也；棘[71]之实，非棘也。问人之病，问人也；恶人之病，非恶人也。人之鬼，非人也；兄之鬼，兄也。祭人之鬼，非祭人也；祭兄之鬼，乃祭兄也。之[72]马之目眇[73]，则为之马眇；之马之目大，而不谓之马大。之牛之毛黄，则谓之牛黄；之牛之毛众，而不谓之牛众。一马，马也；二马，马也。马四足者，一马而四足也，非两马而四足也。马或白者[74]，二马而或白也，非一马而或白。此乃一是而一非者也。

注解：⑦① 棘：酸枣树。⑦② 之：这。⑦③ 眇(miǎo)：原指一只眼瞎，后亦指两眼俱瞎。⑦④ 马或白者：有的马是白色的。

今译

居住在某国，就是在某国；有一座房子在国内，不是拥有整个国家。桃的果实，是桃；棘的果实，不是棘。慰问人的疾病，是慰问人；厌恶人的疾病，不是厌恶人。人的鬼魂，不是人；哥哥的鬼魂，则是哥哥。祭祀人的鬼魂，不是祭人；祭祀哥哥的鬼魂，是祭哥哥。这一匹马的眼睛瞎，就可以称为“这马瞎”；这一匹马的眼睛大，却不能称“这马大”。这一头牛的毛黄，就可以称为“这牛黄”；这一头牛的毛多，却不能称“这一头牛多”。一匹马，是马；两匹马，也是马。马四个蹄子，是说一匹马四个蹄子，不是两匹马四个蹄子。有的马是白色的，是说两匹马中有一匹是白色的，并不是一匹马杂有白色。这是“一是而一非”(在一方面是正确的，在另一方面却是不正确)的情况。

释义

研究句子的逻辑关系，实际上就是研究句子的来龙去脉：这个句子由哪些句子推理而来，又可以推理出哪些句子；从而验证这样的推理为什么是正确的，检查那样的推理为什么是错误的，进而提高自己的读写能力。而就这方面，墨子早就英明地指出：“夫物或乃是而然，或是而不然，或一周而一不周，或一是而一不是也，不可常用也。故言多方，殊类异故，则不可偏观也。非也。”并且用了大量的句例说明这种种情况，值得我们好好研究。

所谓“是而然”和“是而不然”，实质上就是直言三段论的正确推理的运用和错误推理的指谬。这里共有十三个例子，一一以三段论的形式写出来，从中可见正确运用与对错误指谬的过程：

1. 马是可乘的
白马是马
———
白马是可乘的
(即乘白马是乘马)

2. 奴婢是人
人是可爱的
———
奴婢是可爱的
(即爱奴婢是爱人)

3. 奴婢的双亲是人
奴婢侍奉双亲
———
奴婢侍奉人
(大前提、小前提中有四概念:“双亲”“人”“奴婢”“侍奉”,因而推理错误,结论不正确。指谬:奴婢不是侍奉人。)

4. 妹妹是美人
她爱妹妹
———
她爱美人
(同左,犯四概念错误。指谬:她爱妹妹,不能等同于她爱美人。)

5. 车是木头(做的)
车是可乘的
———
木头是可乘的
(前提中不周延的“木头”,在结论中却周延了,违反了“前提中不周延的项,在结论中不得周延”的原则,因而结论是错误的。指谬:乘车却不是乘木。)

6. 船是木头(做的)
船是可进入的
———
木头是可进入的
(同左,犯“前提中不周延的在结论中却周延”的错误。指谬:进船不是进木头。)

7. 盗是人
盗很多
———
人很多
(错误同上。指谬:多盗并不是多人。)

8. 盗是人
盗没有了
———
人没有了
(错误同上。指谬:盗没有了并不是人没有了。)

9. 盗是人
厌恶盗
————
厌恶人
（错误同上。指谬：厌恶盗不是厌恶人，厌恶盗多不是厌恶人多。）

10. 盗是人
希望没有盗
————
希望没有人
（错误同上。指谬：不是希望没有人。）

11. 盗是人
爱盗
————
爱人
（错误同上。指谬：爱盗不是爱人。）

12. 盗是人
不爱盗
————
不爱人
（错误同上。指谬：不爱盗不是不爱人。）

13. 盗是人
杀盗
————
杀人
（错误同上。指谬：杀盗不是杀人。）

1—2 是“是而然”。3—10 是“是而不然”，11—13 也是“是而不然”。3—10 是世人赞同的，11—13 是墨家提出的，与世人赞同的是同一观点，却遭到非议。说明世人内心固执而不得其解。

下面一段谈的实质上是必要条件的假言三段论。假言三段论中必要条件的公式是：有之未必然，无之必不然。现把有关句子中的必要条件关系分析如下：

儒家主张“有命论”　|　并不等于真的有命这东西存在
有　之　　　　未必　然
无　之　　　　必　　不然
墨家反对有命论　　却等于实实在在否定命的存在

这就是说，“儒家主张‘有命论’，并不等于真的有命这东西存在”这句话可以从两方面理解：一方面，这句话本身，体现了

"有之未必然";另一方面,即使墨子不说下面一句话,它本身也包含着"无之必不然"的意思。现在"世人"却赞同"一方面",反对"另一方面",只能说明他们尽管打着反对墨子的旗号,但在逻辑上是无知的。

再下面一段是要说明"一方面具有普遍性而另一方面不具普遍性"的情况,所举两例实质上是充分条件的假言三段论和充要条件的假言三段论。现分别说明如下:

假言三段论中充分条件的公式是:有之必然,无之未必不然。

现把有关句子加以分析——

爱人,|要等到普遍爱了所有的人之后,才可以称为爱人

有之　必　　　　　　　　　　然

无之　未必　　　　　　　　　不然

不爱人,不必等到普遍不爱所有的人

这就是说,爱人,"必须普遍爱了所有的人";而不爱人,不必等到不"普遍爱了所有的人",即不必等到不爱所有的人。

假言三段论中充要条件的公式是:有之必然,无之必不然。再把另一句加以分析——

乘马,|只要有马可乘,就可以称为乘马

有之　必　　　　然

无之　必不　　　然

不乘马,|就要不乘所有的马

这就是说,乘马既必须乘上马,但又不必去乘所有的马;但是,不乘马,并不是只要不乘某匹马就行,而是要不乘所有的马才行。

这两个例子聪明地说明了事物一方面具有普遍性而另一方面不具有普遍性的道理。所以逻辑学是聪明学。

最后一段为了说明"一种说法成立(正确)而另一种说法不成立(正确)"的情况,都用了类比推理。类比推理是从前提推出

结论,一般是从正确的前提推出正确的结论,但是,这里为了说明"一种说法成立而另一种说法不成立",就用了可以成立的前提推出不成立的结论。现一一分析如下:

1. 居住在某国,就是在某国(大前提)
   有房子在某国　　　　　(小前提)
   ————————
   所以,就拥有了某国。(这结论是机械推理。)
2. 桃的果实,是桃
   棘的果实
   ————————
   所以,是棘
   (这结论把树名、果名的偶然一致当作普遍命名。)
3. 慰问人的疾病,是慰问人
   厌恶人的疾病
   ————————
   所以,是厌恶人
   (这结论混淆"人"与"疾病"的原则区别。)
4. 人的鬼魂,不是人
   哥哥的鬼魂
   ————————
   所以,不是哥哥
   (这结论把普遍性前提混淆个别性结论。)
5. 祭祀人的鬼魂,不是祭人
   祭祀哥哥的鬼魂
   ————————
   所以,不是祭哥哥
   (指谬理由同上。)
6. 马眼瞎,叫马瞎
   马眼大
   ————————
   所以,叫马大
   (这结论由于前提不是共性,而是特性,所以不能反映本质。)
7. 牛毛黄,称"牛黄"
   牛毛多
   ————————

所以,称“牛多”

(这结论由于前提不反映事物本质,所以混淆了牛的毛多与头数多的关系。)

8. “马有四个蹄子”,是说一匹马有四个蹄子,而不是两匹马四个蹄子;“有的马是白色的”,是说两匹马中有一匹白色,而不是说每匹马杂有白色。这一推论也从另一方面提醒我们:如果前提含糊就会导致结论谬误,从而引起一系列的错解。

再版后记

《中华根文化·中学生读本》(15 种)2012 年由复旦大学出版社首版,2014 年作为复旦附中教学成果“阅读中国人 书写中国人”的教材组成部分,荣获国家级教学成果一等奖。此次上海教育出版社再版,基本保持原版模样,所做的工作主要是汇聚读者意见,对原版内容做适度删节。删节时主要考虑两点:更加突出“根文化”概念;使单元主题更集中。

我们在 2010 年策划出版这套图书时就认为,“中华根文化”是 21 世纪中华儿女走向世界,参与全球化进程的一种重要力量。今天我们更认为,“中华根文化”蕴含着中华民族的情感力、思想力、想象力、创造力、批判力等不竭的生命力。尤其是那种挺立天地之间,居仁行义的天下意识、宇宙意识与人类情怀,深度契合着困难重重的 21 世纪的人类社会的内在需要,已显现出了一种崭新的人类文化的光辉特质。因此,我们愿意继续为“中华根文化”的现代传译尽自己的微薄之力,让更多的读者,尤其是中学生读者,更好地认识、理解中华民族根文化的根性特征——不仅是民族文化之根,也是世界文化之根——而拥有自我生命的大觉醒、大参悟，成为真正“具有中国心的现代文明人”（于漪老师语）。

再版时，我们力所能及地对原版的错误做了修订，但限于能力，一定还有许多不当之处，敬请读者批评指正。

黄荣华

2017年3月13日

图书在版编目（CIP）数据

爱者之言：《墨子》选读 / 黄荣华主编. — 上海:上海教育出版社, 2017.6（2020.11重印）
ISBN 978-7-5444-7532-7

Ⅰ. ①爱… Ⅱ. ①黄… Ⅲ. ①墨家②《墨子》—青少年读物
Ⅳ. ①B224.5-49

中国版本图书馆CIP数据核字(2017)第126770号

责任编辑 张嘉恒 顾 翊
封面设计 陆 弦

爱者之言
——《墨子》选读
黄荣华 主编

出版发行 上海教育出版社有限公司
官　　网 www.seph.com.cn
地　　址 上海市永福路123号
邮　　编 200031
印　　刷 永清县晔盛亚胶印有限公司
开　　本 640×960 1/16 印张 9.5
版　　次 2017年7月第1版
印　　次 2020年11月第4次印刷
书　　号 ISBN 978-7-5444-7532-7/G·6197
定　　价 19.80 元

如发现质量问题，读者可向本社调换 电话：021-64377165